Inhalt

WOK
KOCHBUCH

100 Wokrezepte für den Wok.

Die besten und beliebtesten Wokgerichte aus der asiatischen Küche.

Gesunde vegetarische, vegane und leckere Fleischgerichte.

Bao Chang

Asiatische Küche - fernöstliche Köstlichkeiten

Die asiatische Küche ist sehr vielfältig, gesund und herrlich bunt. Ich habe meine liebsten Rezepte von Curry bis Nasi Goreng für Sie zusammengestellt. Tauchen Sie in die asiatische Welt ein und genießen die abwechslungsreichen Gerichte. Viele asiatische Zutaten haben sich auf europäischen Tellern eingebürgert, zum Beispiel kurz Gebratenes, frisches Gemüse wie Brokkoli, Zuckerschoten, oder Karotten. Für einen typisch asiatischen Geschmack benötigen Sie aber noch zusätzlich besondere asiatische Lebensmittel. Wenn Sie regelmäßig asiatisch kochen, sollten Sie bestimmte Zutaten vorrätig haben. Mittlerweile bieten auch gut sortierte Lebensmittelgeschäfte eine große Auswahl an. Falls doch mal etwas außergewöhnliches oder exotisches benötigt wird, finden Sie diese in großen Asialäden oder Onlineshops.

Der Vorratsraum

Reis – die asiatische Beilage

Reis gehört zu den Grundnahrungsmitteln in fast jedem asiatischem Land. Reis sättigt gut und ist in allen Altersklassen sehr beliebt. Zudem ist er leicht verdaulich und wird zu fast jeder Mahlzeit serviert. Einen Vorrat an Basmati, Jasmin oder Langkornreis ist ein MUST HAVE.

Asiatische Nudeln - die große Vielfalt

Nudeln bestehen in Asien aus unterschiedlichen Lebensmitteln. Reisnudeln stelle man aus Reisstärke, Glasnudeln aus Mungobohnen und Mie-Nudeln aus Weizen her. Alle asiatischen Nudeln müssen kurz im kochenden Wasser quellen, bevor man sie im Wok oder als Suppeneinlage weiterverarbeitet.

Kokosmilch – herrlich cremig

Kokosmilch mildert die Schärfe vieler asiatischer Gerichte. Man stellt sie aus dem Fleisch der Kokosnuss her und sie ist Bestandteil vieler Curry-Rezepte. Kokosmilch ist in unserem Sortiment in Dosen und im Tetra Pak erhältlich.

Sojasoße – das Universalgewürz

Sojasoße stellt man traditionell aus Wasser, fermentierten Sojabohnen, Weizen und Meersalz her. Man verwendet sie in Asien als Grundgewürz. Verbreitet sind vor allem zwei Varianten der Soße: Helle Sojasoße ist mild und passt zu leichten Gerichten, während würzige, dunkle Sojasoße perfekt für herzhafte Speisen und für Sushi geeignet ist.

Fischsoße – typisch asiatisch

Neben der Sojasoße ist die Fischsoße unverzichtbar für die asiatische Küche. Vor allem in Thailand und in Vietnam kommt nahezu keine Speise ohne die salzige Würze aus fermentiertem Fisch aus.

Currypaste – die scharfe Würze

Um Gerichten Aroma und Schärfe zu verleihen, sind die thailändischen Currypasten ideal. Unterschieden werden sie an der typischen Farbe, die auch auf ihre Schärfe hinweisen. Die gelben Currypasten eignen sich wegen ihrer milden Schärfe am besten für die eurasische Küche. Rote Pasten sind deutlich schärfer, reichen aber nicht an die extrem scharfen, grünen Currypasten heran.

Asiatische Gewürze – eine besondere Welt von Aromen

In Asien würzen Köche immer intensiv. In den Herkunftsländern der Gewürze enthalten viele Rezepte exotische Mischungen. Typische Kombinationen sind zum Beispiel grüner Kardamom, Anis, Sternanis, Muskatblüte und Zimt. Verschiedene Pfeffersorten und Fenchel, Sesam, Kreuzkümmel - sowie Koriandersamen sind für authentische Currys unentbehrlich.

Frischer Ingwer – charakteristisch für die Asia-Küche

Die Wurzeln aus der Familie der Ingwergewächse sind aus der asiatischen Küche nicht wegzudenken. Mit seinem scharfen und gleichzeitig süßem Aroma bildet frischer Ingwer in Kombination mit Knoblauch und Chili die Basis für viele Gerichte, besonders für kurz gebratene Speisen im Wok.

Koriander – die Nummer eins der typisch asiatischen Kräuter

Koriandergrün ist für viele Gerichte der asiatischen Küche ebenfalls unentbehrlich. Man verwendet es in Asien in ähnlicher Art und Weise wie hierzulande die Petersilie. Allerdings enthält die gesamte Pflanze den charakteristisch fernöstlichen Geschmack, nicht nur die Blätter, sondern auch Wurzeln und Stängel.

Zitronengras – zitronig frisch

Der kräftige Zitrusgeschmack von Zitronengras bereichert Suppen, Salate, Krabben- Fisch- und Curry-Gerichte. Beim Braten und beim Grillen nutzt man Zitronengras gern als Spieß.

Der WOK

Der Klassiker aus Asien ist auch hierzulande sehr beliebt und in fast jedem Haushalt zu finden. Während Sie mit einer Pfanne normalerweise ein gleichmäßiges Durchgaren der Speisen erzielen möchten, ist die hohe Pfanne mit starker Wölbung auf unterschiedliche Temperaturbereiche ausgelegt. In der Mitte des Woks kann scharf angebraten werden, während an der Rändern das empfindliche Gemüse gart. Das macht den Wok auch so beliebt.
Mittlerweile können Sie qualitativ gute Woks in Asialäden, aber auch in gut sortierten Haushaltswaren erwerben.

Geflügel

Teriyaki - Hühnchen

Nährwerte: 1081 kcal, 40 g KH, 177 g EW, 23 g FE

Zutaten für 4 Portionen:

geriebener Ingwer / ca. 750 g Hähnchenbrust / 2 EL Zucker
2 EL Sake / 4 EL Mirin / 4 EL Sojasoße

Zubereitung:

Mit einer Gabel werden vereinzelt kleine Löcher in das Fleisch gestochen. Alle Zutaten werden miteinander in einer Schüssel vermischt. Die Hähnchenbrust wird in der Mischung mariniert. Danach wird das Fleisch für ca. 15 Minuten in den Kühlschrank gestellt. Mit etwas Pflanzenöl wird die Hähnchenbrust von beiden Seiten in einer Bratpfanne bei mittlerer Hitze angebraten. Wenn die Hähnchenbrust eine goldene Farbe angenommen hat, wird die restliche Marinade in die Pfanne gegeben. Bei geschlossenem Deckel muss das Ganze auf mittlerer Hitze für ca. 7 Minuten köcheln. Danach wird der Deckel entfernt und so lange weiter köcheln, bis eine dickflüssige Soße entstanden ist. Nun wird das Fleisch aus der Pfanne genommen und in längliche, gleichgroße Stücke geschnitten. Zum Servieren werden die Hähnchenbruststreifen auf einem Teller verteilt und mit der Soße übergossen.

Thai - Curry - Hühnchen mit Brokkoli

Nährwerte: 5719 kcal, 562 g KH, 328 g EW, 180 g FE

Zutaten für 5 Portionen:

600 g Basmatireis / 1 kg Hühnerbrustfilets / Saucenbinder / 1 kg frischer Brokkoli
Muskatnuss / 1 Pck. rote Currypaste / Milch / 600 ml ganz flüssige Kokosmilch
Salz und Pfeffer / 2 Flaschen Cremefine zum Kochen
4 EL Honig / 1 TL gelbes Currypulver / 3 Knoblauchzehen

Zubereitung:

Das Hühnerfleisch wird in kleine Würfel geschnitten. Der Brokkoli wird in Röschen geteilt. In zwei Töpfen wird Salzwasser erhitzt. Das Hähnchenfleisch wird mit Salz gewürzt und in einer Pfanne angebraten. In dem Salzwasser eines Topfes wird der Brokkoli blanchiert. Zu dem Hähnchenfleisch wird die Currypaste sowie der Knoblauch gegeben und leicht mit angebraten. Das Ganze wird mit der Kokosmilch abgelöscht und gut verrührt. Alles leicht aufkochen lassen. Danach werden beide Cremefine Flaschen hinzugegeben. Alles mit dem gelben Currypulver, Salz und Pfeffer, Muskatnuss und Honig abschmecken. Nun wird der Brokkoli hinzugefügt. In dem zweiten Topf mit Salzwasser wird der Basmatireis nach Packungsanweisung gekocht. Die Soße wird zusammen mit dem fertigen Reis serviert.

Indonesischer Curryreis mit Hähnchenbrust

Nährwerte: 2681 kcal, 431 g KH, 92 g EW, 60 g FE

Zutaten für 4 Portionen:

500 g gekochter Basmatireis / 200 g Hähnchenbrustfilet / 4 EL Sesamöl / 1 EL flüssiger Honig
1 rote Chilischote / 3 EL Sojasauce / 2 Knoblauchzehen / 2 EL Currypulver
1 rote Paprikaschote / 1 EL Tomatenketchup / 1 Bund Frühlingszwiebeln
1 TL Maisstärke / 2 Stängel Zitronengras

Zubereitung:

Das Hähnchenbrustfilet wird gewaschen und trocken getupft. Anschließend wird das Hähnchenbrustfilet in feine Streifen geschnitten. Die Sojasauce, der Honig, der Ketchup, die Stärke und 1 EL Currypulver wird zu einer Marinade verrührt. Danach wird das Fleisch daruntergemischt. Das Ganze muss nun für 15 Minuten ziehen. Das Zitronengras wird gewaschen und in der Länge halbiert. Danach wird das Zitronengras in feine Ringe geschnitten. Die Frühlingszwiebeln werden geputzt, gewaschen und in 1-2 cm große Stücke geschnitten. Die Paprikaschote wird geputzt, gewaschen und in kleine Würfel geschnitten. Der Knoblauch wird geschält und fein gehackt. Die Chilischote wird in der Länge halbiert, entkernt und gewaschen. Das Fruchtfleisch der Chilischote wird in feine Streifen geschnitten. In einem Wok wird Öl erhitzt und das Fleisch darin angebraten. Danach werden die Zwiebeln, das Zitronengras und die Paprika hinzugegeben und ebenfalls kurz mit angebraten. Jetzt wird der Chili und der Knoblauch untergerührt. Der kalte Reis wird nun hinzugefügt und für ca. 3 Minuten ebenfalls mit angebraten. Zum Schluss wird das restliche Currypulver hinzugegeben und gut untergerührt.

Brokkoli mit Hähnchenbrust nach Szechuan - Art

Nährwerte: 1811 kcal, 85 g KH, 107 g EW,52g FE

Zutaten für 3 Portionen:

5 EL Gemüsebrühe / 300 g Hähnchenbrustfilet / 2 EL Sherry / 1 TL Speisestärke

Salz und Pfeffer / 1 Knoblauchzehe / ½ TL Zucker / 1 EL frisch geriebener Ingwer

100 g Cashewnüsse / 2 rote, frische Chilischoten / 3 EL Öl

2 EL Sesamöl / 300 g Brokkoli / 2 EL Sojasoße / 1 Zwiebel

Zubereitung:

Das Fleisch wird kalt abgewaschen und trocken getupft. Danach wird das Fleisch in schmale Streifen geschnitten und mit der Stärke bestäubt. Die Stärke nun mit den Fingern in das Fleisch einknoten. Die Knoblauchzehe wird geschält, der Ingwer wird ebenfalls geschält und die Chilischote wird halbiert und entkernt. Alles wird fein gehackt und mit je 1EL Sesamöl sowie 1 EL Sojasoße verrührt. Das Ganze wird unter das Fleisch gemischt. Für ca. 2 Stunden muss das Fleisch nun marinieren. Die Zwiebel wird geschält und in Würfel geschnitten. Der Brokkoli wird geputzt, gewaschen und in kleine Röschen geteilt. In einem Wok werden das restliche Sesamöl und das Speiseöl erhitzt. Darin werden die Cashewnüsse angeröstet. Die angerösteten Nüsse aus dem Wok nehmen und zur Seite stellen. Unter ständigem Rühren wird das Fleisch in dem Wok angebraten. Mit dem Zucker, Salz und Pfeffer wird das Fleisch gewürzt und anschließend ebenfalls aus dem Wok herausgenommen. In dem Bratenfett werden die Zwiebelwürfel angebraten. Danach wird der Brokkoli hinzugegeben und für eine Minute mit gebraten. Der Knoblauch, das Chili und der Ingwer werden hinzugegeben. Mit der restlichen Sojasoße, der Gemüsebrühe und dem Sherry wird das Ganze abgelöscht. Zum Schluss werden die Nüsse und das Fleisch dazugegeben und unter ständigem Rühren wird alles für 2 Minuten bei starker Hitze gebraten. Danach kann das Gericht mit einer Beilage serviert werden.

Thai Curry Erdnuss - Kokos - Hühnchen

Nährwerte: 2027 kcal, 91 g KH, 115 g EW, 129 g FE

Zutaten für 3 Portionen:

Salz / 2 TL Erdnussöl / 1 Tassen Wasser / 400 g Hühnerbrust / 1 Tasse Reis
2 gehäufte TL Currypaste (rot/grün oder gelb) / 2 gehäufte TL Zitronenpaste
400 ml Kokosmilch / 2 EL Wasser / 1 Knoblauchzehe / 1 TL Speisestärke
1 gehäufter TL gekörnte Gemüsebrühe / 1 Dose Bambussprossen
2 Handvoll Zuckerschoten (alternativ grüne Bohnen)
1 Karotte / 2 gehäufte TL Erdnussbutter

Zubereitung:

Zuerst wird 1 Teil Reis mit 2 Teilen kaltem Salzwasser in einem geschlossenen Topf aufgekocht. Danach wird die Hitze so reduziert, dass der Reis köchelt. Der Reis muss nun so lange aufquellen, bis das Wasser verkocht ist (ca. 15-20 Minuten). In der Zeit wird 1 EL Erdnussöl in eine Pfanne gegeben und die Hühnerbrust wird darin braun angebraten. Die Hühnerbrust wird nun aus der Pfanne genommen. In dieselbe heiße Pfanne wird wieder 1 EL Erdnussöl gegeben und die Currypaste wird darin kurz angebraten. Die Currypaste mit der Kokosmilch ablöschen. Jetzt wird die Erdnussbutter hinzugegeben und der Knoblauch wird durch eine Knoblauchpresse hineingepresst. Die Gemüsebrühe sowie die Zuckerschoten werden ebenfalls hinzugegeben. Die Karotte wird geschält und je nach Größe in der Länge halbiert. Danach wird die Karotte in Scheiben geschnitten und ebenfalls in die Pfanne gegeben. Alles muss für mehrere Minuten köcheln. Jetzt werden die Bambussprossen sowie das Fleisch hinzugegeben und das Ganze nochmals für einige Minuten köcheln lassen. Zum Schluss wird die Speisestärke in kaltem Wasser angerührt und in die Soße gegeben. Jetzt wird nur noch die Zitronengraspaste untergerührt und das Ganze wird mit Salz gewürzt.

Indonesische Hähnchenbrust mit Mango

Nährwerte: 1959 kcal, 74 g KH, 135 g EW, 121 g FE

Zutaten für 4 Portionen:

2 EL helle Sojasauce / 500 g Hähnchenbrustfilets (ohne Haut) / 2 EL Ketjap Manis
1 reife Mango / 100 ml Sojasauce / 1 Dose Kokosmilch /4 EL Öl
1 Chilischote / 1 Bund Frühlingszwiebeln / 1 walnussgroßer Ingwer
1 EL gelbe Currypaste / 2 Knoblauchzehen

Zubereitung:

Die Mango wird geschält und entkernt. Das Fruchtfleisch der Mango wird in Würfel geschnitten. Der Ingwer sowie der Knoblauch werden geschält. Der Ingwer, die Chilischote und der Knoblauch werden fein gehackt. Die Frühlingszwiebeln werden geputzt und in Ringe geschnitten. Die Hühnerbrust wird gewaschen, gesäubert und in Würfel geschnitten. Jetzt wird ein Wok ohne Fett erhitzt. Vom Rand werden 2 EL Öl in den Wok einfließen gelassen. Der Ingwer, die Chili und der Knoblauch werden in dem Wok angeschwitzt. Danach wird die Currypaste hinzugegeben und unter Rühren so lange gebraten, bis diese anfängt zu duften. Nun wird das Ganze aus dem Wok genommen. Das restliche Öl wird in den Wok gegeben und das Fleisch wird darin angebraten. Nun wird die Gewürzmischung hinzugegeben und kräftig verrührt. Das Ganze wird mit Ketjap Manis, der Sojasauce und der Hühnerbrühe abgelöscht. Mit einem Löffel wird die obere dicke Creme heruntergenommen und in den Wok gegeben. Danach werden die Mangowürfel und die Frühlingszwiebeln hinzugegeben und für ca. 3 Minuten erhitzt.

Brokkoli Honig Hähnchen

Nährwerte: 2045 kcal, 203 g KH, 118 g EW, 82 g FE

Zutaten für 4 Portionen:

400 g gekochter Basmatireis als Beilage / 400 g Hähnchenbrustfilets / Salz und Pfeffer
2 TL Sambal Oelek / 2 EL Sesam / 2 EL Sojasauce / 2 EL Akazienhonig / 1 TL geriebener Ingwer
50 ml Cremefine zum Kochen / 3 EL Öl / 150 ml Gemüsebrühe
3 EL Speisestärke / 1 Knoblauchzehe / 500 g Brokkoliröschen

Zubereitung:

Die Hähnchenbrustfilets werden in Streifen geschnitten. Das Fleisch mit der Sojasauce, dem Ingwer und 1 TL Sambal Oelek vermischen. Über Nacht muss das Fleisch marinieren.
Am nächsten Tag wird in einem Wok 1 EL Öl erhitzt. Die marinierten Hähnchenbrustfilets werden mit der Speisestärke vermischt und in dem Wok angebraten. Das Fleisch anschließend aus dem Wok nehmen und zur Seite stellen. Der Knoblauch wird fein gehackt und in dem gleichen Wok mit einem EL Öl und dem Brokkoli angedünstet. Das Ganze wird mit der Brühe abgelöscht. Danach wird das Cremefine hinzugegeben. Alles mit Salz und Pfeffer abschmecken. Bei geschlossenem Deckel muss alles für 5 Minuten garen. Danach wird der Wok geleert. Das restliche Öl wird in den leeren Wok gegeben und das restliche Sambal Oelek wird kurz darin angeröstet. Nun werden der Sesam und der Honig hinzugegeben. Wenn der Honig anfängt zu schäumen werden die Hähnchenbruststreifen und der Brokkoli vorsichtig untergehoben. Zum Schluss das Ganze nochmals mit Salz und Pfeffer abgeschmecken. Das fertige Gericht wird mit gekochtem Basmatireis serviert.

Hähnchen - Curry Low Carb

Nährwerte: 1888 kcal, 69 g KH, 133 g EW, 114 g FE

Zutaten für 4 Portionen:

Salz und Pfeffer / 500 g Hähnchen- oder Putenbrust / 1 Knoblauchzehe
400 ml Kokosmilch / 1 Glas Bambusscheiben / 2 EL Sojasauce
2 rote Paprika / 2 TL rote Currypaste / 5 Frühlingszwiebeln

Zubereitung:

Das Fleisch wird in mundgerechte Stücke geschnitten. Die Paprika und die Frühlingszwiebeln werden klein geschnitten. Der Knoblauch wird gehackt. In einem Wok wird die Currypaste angebraten. Danach wird das Fleisch hineingegeben und mitgebraten. Sobald das Fleisch Farbe bekommen hat, werden das Gemüse und der Knoblauch hinzugefügt und mit angedünstet. Das Ganze wird mit der Kokosmilch abgelöscht. Jetzt muss alles andicken. Bei Bedarf kann etwas Sojasauce hinzugegeben werden. Zum Schluss wird das Gericht mit den Gewürzen abgeschmeckt.

Thai Curry mit Hähnchen, Mango und Zuckerschoten

Nährwerte: 1940 kcal, 85 g KH, 145 g EW, 112 g FE

Zutaten für 6 Portionen:

Zucker / 1 kg Hähnchenbrust / Salz und Pfeffer

Milch / Cayennepfeffer / Speisestärke / Kurkuma / 1 Mango

rote oder gelbe Currypaste / 1 Bund Lauchzwiebeln / 1 Dose Kokosmilch

400 g Zuckerschoten / Rapsöl / 5 Karotten

etwas Ingwerwurzel / 1 Knoblauchzehe / 1 kleine Zwiebel

Zubereitung:

Die Hähnchenbrust wird geschnetzelt. In etwas Milch und Speisestärke wird das Fleisch für ca. 3 Stunden eingelegt. Der Knoblauch und der Ingwer werden fein gewürfelt. Die Zuckerschoten, die Mango, die Karotten, die Zwiebel und die Lauchzwiebeln werden in mundgerechte Stücke geschnitten. In einem Topf mit etwas Rapsöl wird das Fleisch angebraten. In dem Backofen wird das Fleisch bei 160°C bei Ober-/Unterhitze abgedeckt gestellt. In einem Wok werden die Zwiebeln, die Lauchzwiebeln, der Knoblauch und der Ingwer mit etwas Currypaste angebraten. Danach werden die Karotten hinzugegeben und etwas mitgebraten. Nun werden die Zuckerschoten hinzugegeben. Das Fleisch wird aus dem Ofen genommen und zu dem Gemüse in den Wok gegeben. Nun wird die Mango dazugegeben und gut verrührt. Zum Schluss wird alles mit der Kokosmilch abgelöscht und aufgekocht. Das fertige Gericht wird nach Belieben abgeschmeckt.

Hähnchen mit mediterraner Gemüsepfanne

Nährwerte: 2651 kcal, 39 g KH, 128 g EW, 64 g FE

Zutaten für 4 Portionen:

frische oder getrocknete Rosinen nach Bedarf / 600 g Hähnchenbrustfilets / Salz und Pfeffer
2 TL Olivenöl / getrocknete Chilischoten nach Bedarf / 250 ml Gemüsebrühe
italienische Kräuter nach Bedarf / 1 Zwiebel / 6 Thymianzweige / 2 Knoblauchzehen
Basilikum (frisch oder tiefgefroren) / 2 rote Paprika /1 Glas trockener Rotwein
150 g Zucchini / 75 g Créme fraîche / 100 g Karotten / 200 g saure Sahne
200 g frische Champignons

Zubereitung:

Das Hähnchenfleisch wird in Würfel geschnitten. Die Paprika und die Karotten werden geputzt und in mundgerechte Stücke geschnitten. Der Knoblauch und die Zwiebel werden geschält und fein gehackt. Die Zucchini waschen und in dünne Scheiben schneiden. Die Pilze werden ebenfalls in Scheiben geschnitten. In einem Wok wird das Olivenöl erhitzt. Das Hähnchenfleisch wird mit einigen Rosinen und etwas Paprikapulver gebraten. Das Fleisch sollte eine bräunliche Kruste bekommen. Danach wird das Fleisch aus dem Wok genommen und warm gestellt. In demselben Wok wird nun frisches Öl gegeben und das Gemüse wird nach und nach hineingegeben. Das Ganze wird für ca. 10 Minuten angebraten und anschließend mit der Gemüsebrühe abgelöscht. Nun folgen die saure Sahne, ein Schuss Rotwein und das Créme fraîche. Alles gut unterrühren und mit den Chilischoten, Salz, Pfeffer, den italienischen Kräutern und dem Paprikapulver abschmecken. Danach wird das Hühnerfleisch und etwas Basilikum wieder hinzugegeben. Die Thymianzweige werden auf das Gericht gelegt. Alles muss jetzt bei geschlossenem Deckel für ca. 20 Minuten auf niedriger Stufe ziehen. Danach werden die Thymianzweige herausgenommen und alles wird nochmals abgeschmeckt. Falls die Soße zu dünnflüssig ist, kann diese mit hellem Soßenbinder angedickt werden.

Thai Green Curry Chicken

Nährwerte: 1935 kcal, 85 g KH, 143 g EW, 103 g FE

Zutaten für 4 Portionen:

1 Dose Kokosmilch / 500 g Hähnchenbrustfilets / 2 EL brauner Zucker
1 Zucchini / 1 EL Fischsauce / 6 Thai – Auberginen / 1 EL Sojasauce
1 grüne Paprikaschote / 2 EL grüne Currypaste / einige Brokkoliröschen
3 EL Erdnussöl / 3 Kaffir – Limettenblätter / 2 frische grüne Chilischote
1 Handvoll Thai – Basilikum

Zubereitung:

Die Hähnchenbrustfilets werden in kleine mundgerechte Stücke geschnitten. Das Gemüse wird ebenfalls in kleine Stücke geschnitten. Der Brokkoli wird gedämpft. In einem Wok wird Öl (kein Olivenöl) erhitzt. Die grüne Currypaste wird hineingegeben und gut verrührt. Das Ganze wird mit der Kokosmilch abgelöscht. Danach wird das Hähnchenfleisch hinzugegeben und mit gebraten. Nun folgen die grünen Chilischoten und anschließend das Gemüse. Das Ganze wird gegart. Mit der Sojasoße, der Fischsauce und dem Zucker wird alles abgeschmeckt. Jetzt wird die Kokosmilch hinzugegeben und alles abgelöscht. Zum Schluss werden die Limettenblätter in den Wok gegeben und für 3-5 Minuten mit geköchelt. Zum Servieren wird das Gericht mit dem Thai-Basilikum garniert.

Hähnchen mit Paprika und Zucchini in Erdnuss - Kokos - Sauce

Nährwerte: 1143 kcal, 17 g KH, 98 g EW, -74 g FE

Zutaten für 3 Portionen:

Öl / 400 g Hähnchenbrustfilets / Koriandergrün / 1 mittelgroße Zucchini
2 EL Erdnussbutter / 1 rote Spitzpaprika / 1/2 Dose Kokosmilch
1 Knoblauchzehe / Salz und Pfeffer / 1 cm Ingwerwurzel
1 Peperoni (alternativ Chilipulver)

Zubereitung:

Die Hähnchenbrust und die Paprika werden in mundgerechte Stücke geschnitten. Der Knoblauch, die Peperoni und der Ingwer werden in sehr kleine Stücke geschnitten. Die Zucchini wird in der Länge halbiert und anschließend in Scheiben geschnitten. Die Hähnchenstücke und die Zucchini werden mit Öl in einer Pfanne angebraten. Danach werden der Ingwer, die Peperoni und der Knoblauch hinzugegeben. Das Ganze wird mit Salz und Pfeffer gewürzt. Nun wird die Paprika hinzugegeben und alles wird zusammen für einige Minuten gebraten. Zum Schluss wird die Erdnussbutter und die Kokosmilch hinzugefügt. Zum Servieren wird das Gericht mit frischem Koriander garniert.

Chinesisches Hühnerfleisch mit Cashewnüssen

Nährwerte: 1982 kcal, 73 g KH, 164 g EW, 123 g FE

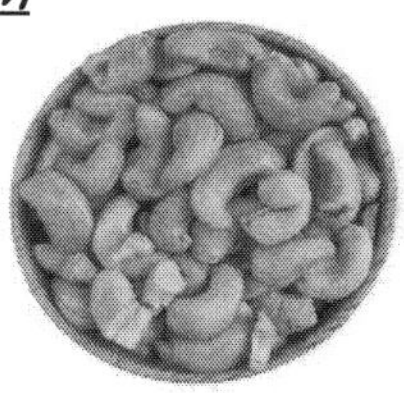

Zutaten für 4 Portionen:

Chilischoten nach Belieben / 4 Hühnerbrüste / 6 Frühlingszwiebeln

3 Knoblauchzehen / 120 g geröstete und ungesalzene Cashewnüsse

4 EL Sojasoße / 4 EL Öl / 2 EL Mehl

250 g chinesische Eiernudeln

Zubereitung:

Das Hühnerfleisch wird in Streifen geschnitten. Der Knoblauch wird durch eine Knoblauchpresse gedrückt. Die Frühlingszwiebeln klein geschnitten. Das Hühnerfleisch wird mit dem Knoblauch und der Sojasoße mariniert und in dem Mehl gewälzt. Für mindestens 30 Minuten muss alles ziehen. In der Zeit werden die Nudeln nach Packungsanweisung gekocht. In einem Wok wird das Öl erhitzt. Das Fleisch wird mit der Marinade für ca. 5 Minuten angeröstet. Nun werden die Frühlingszwiebeln und die Cashewnüsse hinzugegeben und für 3 Minuten mit geröstet. Jetzt werden die Nudeln hinzugegeben und für 2 Minuten mit gebraten. Das Gericht kann sofort serviert werden. Mit den Chilischoten kann das Gericht vor dem Servieren nach Belieben garniert werden.

Hähnchen - Pfirsich - Curry

Nährwerte: 1975 kcal, 93 g KH, 166 g EW, 108 g FE

Zutaten für 4 Portionen:

Salz und Pfeffer / 750 g Hähnchenbrustfilets / 150 ml Schlagsahne (alternativ Cremefine)
6 halbe Pfirsiche aus der Dose / 150 ml Gemüsebrühe
3 Frühlingszwiebeln / 1 TL mildes Currypulver / 3 EL Öl

Zubereitung:

Die Hähnchenbrustfilets und die Pfirsiche werden in ca. 2 cm große Würfel geschnitten. Die Frühlingszwiebeln werden schräg in feine Ringe geschnitten. In einem Wok wird das Öl erhitzt. Das Hähnchenfleisch wird mit Salz und Pfeffer gewürzt. Anschließend wird das Fleisch in dem Öl angebraten. Nun wird das Weiße der Frühlingszwiebeln zu dem Curry gegeben. Für 1/2 Minute wird das Ganze angebraten. Mit der Gemüsebrühe und der Sahne wird alles abgelöscht und aufgekocht. Alles für 4-5 Minuten bei mittlerer Hitze köcheln lassen. Mit dem Salz, dem Pfeffer und dem Pfirsichsaft wird alles abgeschmeckt. Zum Schluss werden die Pfirsiche hinzugegeben und erhitzt. Vor dem Servieren wird das Gericht mit dem Grün der Frühlingszwiebeln bestreut.

Hähnchen in Honig - Sesam Sauce und Gemüse

Nährwerte: 2651 kcal, 39 g KH, 128 g EW, 64 g FE

Zutaten für 2 Portionen:

Öl / 300 g Hähnchenfilets / 1 Glas Bambussprossen / 8 EL Sojasoße / 1 große Möhre
4 EL Orangensaft / 1 Zwiebel / 3 TL flüssiger Honig / ½ rote Paprikaschote
2 EL Chilisauce / 2 Frühlingszwiebeln / 1 TL Sambal Oelek
100 g Zuckerschoten / 1 EL Sesam / 50 g Mehl
etwas Gewürzmischung

Zubereitung:

Die Gewürzmischung wird mit der Sojasoße, dem Orangensaft, dem Sambal Oelek, dem Honig und der Chilisauce sowie dem Sesam vermischt. Das Fleisch wird in mundgerechte Stücke geschnitten. Die Fleischstücke mit dem Mehl bestäuben und vermischen. In eine Schüssel die Marinade geben. Darin wird das Hähnchenfleisch für ca. 30 Minuten mariniert. Die

Zuckerschoten werden gedrittelt. Die Frühlingszwiebeln werden geschnitten. Die Paprika, die Möhre und die Zwiebel werden in Würfel geschnitten. In einem Wok wird etwas Öl erhitzt. Darin wird das Fleisch mit der Marinade angebraten. Danach wird das Gemüse hinzugegeben und für ca. 5 Minuten mit gebraten.

Bami Goreng

Nährwerte: 983 kcal, 45 g KH, 136 g EW, 64 g FE

Zutaten für 2 Personen:

Sambal Oelek / 200 g Mie – Nudeln / Öl / 1 EL Sojasauce / 2 Frühlingszwiebeln
2 EL Ketjap Manis / 50 ml Hühnerbrühe / 1/2 Zwiebel / 1 Hühnerbrustfilet
1 Möhre / 1/2 Stange Lauch / 1 rote Paprika

Zubereitung:

Die Nudeln werden nach Packungsanweisung gekocht. Das Fleisch wird in mundgerechte Stücke geschnitten. Die Zwiebel, die Möhre und der Knoblauch werden geschält. Die Zwiebel wird in Scheiben geschnitten, der Knoblauch wird fein gewürfelt und die Möhre wird in feine Streifen geschnitten. Die Paprika wird ebenfalls in feine Streifen geschnitten. Der Lauch und die Frühlingszwiebeln werden in Ringe geschnitten. In einem Wok wird das Öl erhitzt und das Fleisch wird für ca. 4 Minuten unter Rühren angebraten. Danach werden der Knoblauch, die Zwiebeln und der Lauch hinzugegeben. Alles wird nun für 3 Minuten gebraten. Jetzt werden die Paprikastreifen hinzugegeben. Die Paprika werden für weitere 2-3 Minuten gebraten. Danach kommen die fertig gekochten Nudeln, die Sojasoße, die Brühe und der Ketjap Manis hinzu. Das Ganze wird gut verrührt und für weitere 3-4 Minuten unter Rühren angebraten. Die Paprika sollte weich und die Nudeln gut angebraten sein. Die fertigen Nudeln werden mit den restlichen Frühlingszwiebeln angerichtet. Zum Servieren wird das Sambal Oelek hinzugereicht.

Chicken Korma

Nährwerte: 2035 kcal, 46 g KH, 138 g EW, 141 g FE

Zutaten für 2 Portionen:

Öl / 1 Zwiebel / 1 Knoblauchzehe / 2 EL Mandelblättchen / 1 TL Kardamom
1 EL Kokosraspeln / 1 TL Garam Masala / 400 g Sahne / 1 TL Currypulver
500 g Hähnchenbrustfilets / ½ TL mildes Paprikapulver
1 große Tomate / ½ TL Salz

Zubereitung:

Die Zwiebel und der Knoblauch werden fein gewürfelt. Die Hähnchenbrustfilets werden in mundgerechte Stücke geschnitten. In einem Wok wird Öl erhitzt. Die Zwiebeln sowie der Knoblauch werden darin goldbraun angebraten. Nun wird das Salz und das Curry hinzugegeben. Für 2 Minuten wird alles gut umgerührt. Danach werden das Paprikapulver, der Kardamom und Garam Masala hineingeben und gut miteinander verrührt. Die gewürfelte Tomate wird anschließend in den Wok gegeben. Das Ganze wird so lange gerührt, bis sich die Tomate aufgelöst hat. Nun werden die Hähnchenbrustfilets hinzugefügt und für ca. 5 Minuten angebraten. Die Kokosraspeln, die Mandeln und die Sahne werden hinzugegeben. Alles wird für 10 Minuten geköchelt. Bevor das Gericht serviert wird, muss alles nochmals abgeschmeckt werden.

Thai Curry

Nährwerte: 1465 kcal, 67 g KH, 138 g EW, 66 g FE

Zutaten für 4 Portionen:

Salz / 500 g Putenbrustfilets / Öl / 1 rote Zwiebel / Mehl / 1 Zwiebel / Basmatireis
1 Knoblauchzehe / Sojasauce / 1 Zucchini / Sambal Oelek / 1 große Karotte
rote Currypaste / 200 g Zuckerschoten
1 Dose Kokosmilch

Zubereitung:

Die Putenbrustfilets werden in mundgerechte Stücke geschnitten. 2 TL rote Currypaste mit 3 EL Öl und 1 EL Sojasoße zu einer Marinade verrühren und das Fleisch darin für mindestens 30 Minuten einlegen. Mit etwas Mehl das Fleisch bestreuen. In der Zeit wird das Gemüse klein geschnitten. In einer Pfanne wird das marinierte Fleisch angebraten. Danach das Fleisch wieder aus der Pfanne nehmen. In dem Bratenfett werden die Zwiebel und die Knoblauchzehe glasig angebraten. Dann wird das Gemüse hinzugegeben. Bei geschlossenem Deckel muss alles für ca. 10 Minuten unter gelegentlichem Rühren dünsten. Danach wird etwas Wasser, 2 EL rote Currypaste und eine Messerspitze Sambal Oelek hinzugegeben. Alles nochmals für 15 Minuten köcheln lassen und mit etwas Salz abschmecken. Jetzt wird das Putenfleisch wieder in die Pfanne gegeben und die Kokosmilch wird untergerührt. Alles nochmals aufkochen lassen und die Pfanne anschließend vom Herd nehmen.

Putenragout mit Kokosmilch

Nährwerte: 2066 kcal, 85 g KH, 157 g EW, 117 g FE

Zutaten für 4 Portionen:

Salz und Pfeffer / 600 g Putenbrustfilet / 1 EL Zucker / 1 rote Paprikaschote
2 EL Sojasauce / 250 g Frühlingszwiebeln / 1 EL rote Currypaste / 1 Bund Basilikum
400 ml ungesüßte Kokosmilch

Zubereitung:

Das Putenbrustfilet wird gewaschen, getrocknet und in Streifen geschnitten. Die Paprikaschote wird gewaschen, halbiert, entkernt und in Streifen geschnitten. Die Frühlingszwiebeln werden geputzt, gewaschen und in ca. 3 cm lange Stücke geschnitten. Das Basilikum wird gewaschen und vorsichtig trocken geschüttelt. Die Blätter des Basilikums werden von den Stielen gezupft. Die Hälfte der Blätter wird fein gehackt. Die andere Hälfte wird zur Seite gelegt. In einem Wok wird die Kokosmilch aufgekocht. Das Fleisch und die Currypaste werden darin für ca. 1 Minute unter Rühren geköchelt. Danach wird das Gemüse hinzugegeben und alles muss für weitere 3 Minuten köcheln. Der gehackte Basilikum, der Zucker und die Sojasauce werden hinzugegeben und alles wird abgeschmeckt. Auf Tellern wird das fertige Putenragout angerichtet und mit den Basilikumblättern garniert.

Glasnudeln mit Hühnerfleisch, Pilzen und Gemüse

Nährwerte: 2077 kcal, 237 g KH, 89 g EW, 79 g FE

Zutaten für 4 Portionen:

Sojasauce / 8 Mu - Err – Pilze / Zitronensaft / 200 g Glasnudeln
Stärkemehl / 300 g Huhn / Curry / 100 g Karotten / 1 rote Paprikaschote
Salz / 100 g Champignons / die Schale einer Zitrone / 2 Frühlingszwiebeln
100 ml klare Hühnersuppe / 50 g frischer Blattspinat / 100 ml ungesüßte Kokosmilch
2 Knoblauchzehen / ½ TL frischer Ingwer
2 EL frischer Basilikum / 2 TL Sojasauce / 4 EL Öl / 1,5 TL Curry

Zubereitung:

Die Mu - Err - Pilze werden für 20 Minuten in kaltem Wasser eingeweicht. Danach wird das Wasser abgegossen. Aus den Pilzen werden die harten Knorpel herausgeschnitten. Die Pilze werden nun in gleichgroße Stücke geschnitten. Die Glasnudeln werden mit einer Schere in ca. 10 cm lange Stücke geschnitten. In warmem Wasser werden die Nudeln für 5 Minuten eingeweicht. Danach werden die Nudeln abgeschüttet und abgetropft. Das Hühnerfleisch wird in 1/2 cm breite Streifen geschnitten. Die Karotten werden in der Länge halbiert und anschließend in 2 mm dünne Scheiben geschnitten. Die Paprika wird ebenfalls in dünne Streifen geschnitten. Die Spinatblätter werden in mundgerechte Stücke gezupft. Der Knoblauch wird geschält und fein gehackt. Das Basilikum wird in feine Streifen geschnitten. In einem Wok werden 2 EL Öl erhitzt. Das Fleisch wird gesalzen und in der Stärke gewendet. Anschließend wird das Fleisch kurz angeklopft und in dem heißen Öl unter Rühren angebraten. Mit dem Curry wird das Fleisch bestreut und der Sojasoße abgelöscht. Alles kurz erhitzen lassen und das Fleisch aus der Pfanne nehmen. Der Wok wird mit heißem Wasser ausgespült und ausgewischt. Mit dem übrigen Öl wird der Wok erneut erhitzt. Die Karotten, die Paprika, der Knoblauch sowie der Ingwer werden hineingegeben und unter Rühren angebraten. Nun werden die Pilze und die Champignons hineingeben. Unter Rühren werden diese für ca. 1 Minute mit angebraten. Mit der Kokosmilch und der Suppe wird alles abgelöscht. Die Zitronenschale und das Hühnerfleisch werden untergemischt und alles wird für ca. 3 Minuten geköchelt. Mit dem Curry wird alles abgeschmeckt. Danach werden die Glasnudeln untergemischt und alles wird kurz aufgekocht. Zum Schluss wird der Spinat untergerührt. Vor dem Servieren wird alles nochmals mit Zitronensaft und der Sojasauce abgeschmeckt. Mit dem Basilikum und den Zwiebelringen wird das Gericht garniert.

Paprika - Kokos - Curry mit Reis und Putenfleisch

Nährwerte: 1018 kcal, 95 g KH, 69 g EW, 36 g FE

Zutaten für 2 Portionen:

½ Dose Kokosmilch / 1 Tasse Reis / Chili / 3 Tassen Wasser / frischer Basilikum

1 Bund Frühlingszwiebeln / Koriander / 1 rote Paprikaschote / Ingwer

½ Dose Sojasprossen / rote Currypaste / 5 Knoblauchzehen

Sojasauce / 200 g Putenfleisch / etwas Salz

Zubereitung:

In einem Topf wird Wasser zum Kochen gebracht. Danach wird dort der Reis mit 1 TL Salz hineingegeben und kurz verrührt. Bei schwacher Hitze muss der Reis nun quellen. Nach 10-15 Minuten ist der Reis fertig. Die Sojasprossen werden abgeseiht, abgewaschen und abtropfen gelassen. Das Fleisch wird abgewaschen, trocken getupft und in mundgerechte Streifen geschnitten. Die Frühlingszwiebeln werden geputzt, gewaschen und ca. 1 cm breite Stücke geschnitten. Die Paprikaschote wird entkernt und in kleine Würfel geschnitten. Der Knoblauch wird gehackt und mit Salz bestreut. Danach wird der Knoblauch mit einem Löffel zerdrückt. In einem Wok wird Öl erhitzt. Darin wird das Fleisch angebraten. Nun werden der Knoblauch und 1 TL rote Currypaste hinzugegeben. Das Ganze wird gut angebraten. Danach werden die Frühlingszwiebeln und die Paprika hineingegeben und ebenfalls mit angebraten. Jetzt werden die Sojasprossen hinzugefügt. Mit der Kokosmilch und ca. 1 EL Sojasoße wird alles abgelöscht. Mit dem Koriander, dem Ingwer und getrocknetem Chili wird das Ganze abgeschmeckt. Alles nochmals kurz aufkochen lassen und anschließend servieren.

Bao

Wok - Nudeln mit Hähnchenbrust und Erdnusssauce

Nährwerte: 2098 kcal, 101 g KH, 126 g EW, 127 g FE

Zutaten für 4 Portionen:

Salz und Pfeffer / 1 Glas Sojabohnen – Keimlinge / Sambal Oelek

400 ml ungesüßte Kokosmilch / dunkle Sojasauce / 400 g Hähnchenbrustfilets

1 EL Öl / 3 EL Erdnussbutter / 150 ml Brühe

1 Bund Lauchzwiebeln / 150 g vorgegarte Wok – Nudeln

Zubereitung:

Die Lauchzwiebeln werden gewaschen, geputzt und in Stücke geschnitten. Die Hähnchenbrust wird gewaschen, trocken getupft und klein geschnitten. In einem Wok wird Öl erhitzt. Das Fleisch sowie die Lauchzwiebeln werden darin für ca. 3 Minuten angebraten. Mit der Kokosmilch und der Brühe wird alles abgelöscht. Danach wird die Erdnussbutter hinzugegeben und gut verrührt. Mit Salz und Pfeffer wird das Ganze gewürzt. Jetzt werden Sojabohnen - Keimlinge in den Wok gegeben. Die Sojasoße und das Sambal Oelek wird eingerührt. Für ca. 3 Minuten wird alles fertig gegart. Zum Schluss wird das Gericht mit den Nudeln vermischt und serviert.

Chili - Lemon - Chicken

Nährwerte: 812 kcal, 18 g KH, 141 g EW, 19 g FE

Zutaten für 4 Portionen:

Öl / 600 g Hähnchenbrustfilet / 4 EL Lauchzwiebeln / 1 große Knoblauchzehe

4 EL Brühe / 1 Ingwer (ca. 3 cm lang) / 2 TL Sambal Oelek

der Saft und die Schale von ½ Zitrone / 1 TL Zucker / 2 TL helle Sojasauce

Zubereitung:

In einem Wok wird das Öl erhitzt. Der Knoblauch wird fein gehackt. Der Ingwer wird gerieben. Die Lauchzwiebeln werden in feine Ringe geschnitten und das Fleisch in Streifen. Der Knoblauch und der Ingwer werden in dem Wok kurz angebraten. Danach wird das Fleisch hinzugefügt und kräftig angebraten. Bis auf die Lauchzwiebeln werden alle anderen Zutaten ebenfalls in den Wok gegeben und für ca. 10 Minuten gegart. Mit dem Zucker, der Sojasoße und dem Zitronensaft wird das Ganze nochmals abgeschmeckt. Zum Schluss werden die Lauchzwiebeln untergerührt.

Thaicurry mit Hähnchenbrust und Kokosmilch

Nährwerte: 1812 kcal, 87 g KH, 146 g EW, 96 g FE

Zutaten für 4 Portionen:

1 EL grüne Currypaste / 500 g Hähnchenbrustfilets / ½ Dose Kokosmilch
2 EL Sojasoße / 1 Glas Bambussprossen in Streifen / 1 EL Zucker
800 g gemischtes Gemüse / Pfeffer / 1 Knoblauchzehe

Zubereitung:

Die Hähnchenbrust wird in Streifen geschnitten. Aus der Sojasoße, dem Pfeffer und dem Zucker wird eine Marinade hergestellt. Das Fleisch wird für ca. 1 Stunde darin mariniert. In einem Wok wird das marinierte Fleisch gut angebraten und herausgenommen. Das Gemüse sowie die Bambussprossen werden gewaschen und sehr fein geschnitten. Beides in dem Wok anbraten und wieder herausnehmen. Mit der Kokosmilch wird die Currypaste in dem Wok verrührt. Das Ganze nur kurz aufköcheln lassen. Danach werden das Fleisch und das Gemüse wieder hinzugegeben und kurz mit geköchelt. Mit der Sojasauce wird das Ganze zum Schluss noch einmal abgeschmeckt.

Thailändisches Pad Thai

Nährwerte: 1354 kcal, 112 g KH, 69 g EW, 67 g FE

Zutaten für 2 Portionen:

etwas Kurkuma / 100 g 3 mm breite Reisnudeln / 1 Limette / 100 g Tofu

etwas Chiliflocken / 100 g Hühnerfleisch / etwas ungesalzene und geröstete Erdnüsse

4 Knoblauchzehen / 1 Tasse Wasser / 2 Frühlingszwiebeln / 6 TL Austernsauce

100 g Sprossen / 4 TL Fischsauce / 2 Eier

2 TL brauner Zucker / 2 EL neutrales Pflanzenöl

Zubereitung:

Die Reisnudeln werden für ein paar Minuten in heißem Wasser eingeweicht. Der Tofu wird von beiden Seiten mit dem Kurkuma eingerieben. Danach wird der Tofu in Stücke geschnitten. Das Hähnchenfleisch wird in sehr kleine Stücke geschnitten. Der Knoblauch wird fein gehackt. Die Frühlingszwiebeln werden in ca. 2 cm lange Stücke geschnitten. Die Sprossen werden gewaschen und abgetropft. Die Erdnüsse werden gehackt und die Limette wird geviertelt. In einem Wok wird das Öl erhitzt. Der Knoblauch wird darin kurz angebraten. Danach wird das Hähnchenfleisch und kurz danach der Tofu hineingegeben. Alles für ca. 1 Minute anbraten und zur Seite schieben. Nun werden die Eier hinzugeben. Die Austern- sowie die Fischsauce und der Zucker werden über das Ei gegeben und alles wird kräftig verrührt. Alles gut miteinander vermischen und etwas Wasser sowie die Nudeln hinzugeben. Zum Schluss werden die Frühlingszwiebeln und die Sprossen in den Wok gegeben und für ein paar Sekunden wird alles geköchelt. Mit den gehackten Erdnüssen, den Chiliflocken und den Limetten wird das fertige Gericht serviert.

Feuerpfanne

Nährwerte: 699 kcal, 39 g KH, 84 g EW, 21 g FE

Zutaten für 2 Portionen:

etwas Öl / 350 g Hähnchenbrust / 1 gestrichener EL Zucker

½ kleine Paprikaschote / ½ TL getrockneter Basilikum / ½ kleine Zucchini

¼ TL Salz / 2 EL Mehl / ½ TL Chilipulver / 6 EL Wasser

½ TL Pfeffer / 3TL Sojasoße

Zubereitung:

Die Paprikaschote, die Hähnchenbrust und die Zucchini werden in mundgerechte Stücke geschnitten. In eine kleine Schüssel wird das Fleisch gegeben und mit dem Mehl bestreut. Das Ganze wird gut vermischt. In einen Wok wird Öl gegeben und erhitzt. Das Fleisch wird dort knusprig angebraten. Danach wird das Fleisch aus dem Wok genommen. In demselben Wok wird nochmals Öl erhitzt und dort wird das Gemüse angebraten. Danach wird das Fleisch wieder hinzugefügt. Mit Chilipulver, Salz und Pfeffer wird das Ganze vorsichtig gewürzt. Nun wird der Basilikum und der Zucker hinzugefügt. Die Sojasoße wird mit dem Wasser vermischt und in den Wok gegeben. Auf mittlerer Hitze wird alles für ca. 3 Minuten köcheln gelassen.

Nasi Goreng

Nährwerte: 1393 kcal, 133 g KH, 135 g EW, 30 g FE

Zutaten für 4 Portionen:

Salz und Pfeffer / 500 g Hähnchenbrustfilet / Öl / 1 Zwiebel / 1 TL Sambal Oelek
2 Knoblauchzehen / 1 TL Kurkuma / Möhren nach Bedarf / 1 EL Currypulver
2 Lauchzwiebeln / 1 TL Ingwerpulver / Champignons nach Bedarf
3 EL dunkle Sojasauce / 250 g Reis / Erbsen nach Bedarf / Salzwasser / 1 Paprikaschote

Zubereitung:

Der Reis wird nach Packungsanweisung in Salzwasser gekocht und abgekühlt. Das Hähnchenbrustfilet wird mit Curry, Salz und Pfeffer gewürzt. In einer Pfanne wird das Fleisch scharf angebraten. Danach wird das Fleisch aus der Pfanne genommen und auf einen Teller gelegt. Die Lauchzwiebel, die Paprika, die Zwiebel, die Champignons, die Möhren und der Knoblauch wird klein geschnitten. Das Hähnchenfleisch wird in mundgerechte Stücke geschnitten. Das Sesamöl wird in einem Wok gegeben und mit einem Tuch eingerieben. Nun werden die Zwiebeln und der Knoblauch in dem Wok angebraten. Danach kommen die Champignons, die Lauchzwiebeln und die Möhren hinzu. Nun folgend die Erbsen, der Reis und die Paprika. Zum Schluss wird das Fleisch darin erwärmt. Mit der Sojasoße, dem Ingwer, dem Sambal Oelek und dem Kurkuma wird alles gewürzt.

1001 - Nacht - Huhn

Nährwerte: 1932 kcal, 80 g KH, 157 g EW, 105 g FE

Zutaten für 4 Portionen:

1 TL Zitronensaft / 4 Hähnchenbrustfilets (je 150 g)
1 TL Zucker / 2 Zwiebeln / Salz / 1 Knoblauchzehe
150 g Créme fraîche / 1/4 TL Ingwerpulver / 400 ml Gemüsebrühe
1/2 EL Currypulver / 2 EL Mangochutney / 1/4 TL Paprikapulver
3 EL Butter / 1 Msp. Cayennepfeffer / 1 EL Mehl

Zubereitung:

Die Hähnchenbrustfilets werden kalt abgespült und trocken getupft. Die Filets werden anschließend in 2 cm große Stücke geschnitten. Die Zwiebeln werden geschält und in Würfel geschnitten. Der Knoblauch wird gepresst. Der Ingwer wird mit dem Mehl, dem Curry, der Paprika und dem Cayennepfeffer gemischt. Die Hühnerbrustfilets werden in der Gewürzmischung gewendet. In einer großen Pfanne werden 2 EL Butter erhitzt. Das Fleisch wird darin für 5 Minuten angebraten. Nach 3 Minuten werden die Zwiebeln und der Knoblauch hinzugegeben. Alles wird mit der Gemüsebrühe abgelöscht und für 10 Minuten köcheln gelassen. Zum Schluss wird das Créme fraîche hinzugegeben. Alles wird mit Zucker, Salz, Pfeffer und Zitronensaft abgeschmeckt. Danach kann das Gericht serviert werden.

Rotes Thai - Curry mit Hähnchen

Nährwerte: 3278 kcal, 284 g KH, 180 g EW, 150 g FE

Zutaten für 4 Portionen:

Zucker / 250 g Basmatireis / 2 EL ungesalzene Erdnüsse / 600 g Hähnchenbrustfilets
2 Dosen Kokosmilch / 2 Bund Lauchzwiebeln / 50 g rote Currypaste / 200 g Karotten
Salz / 2 EL Öl

Zubereitung:

Der Reis wird in Salzwasser gegart. Das Fleisch wird in Würfel geschnitten. Die Lauchzwiebeln werden in Ringe und die Karotten in Scheiben geschnitten. In einem Wok wird das Öl erhitzt. Das Fleisch und die Karotten werden darin angebraten. Danach werden die Lauchzwiebeln hinzugegeben und mit Salz gewürzt. Nun wird die Currypaste eingerührt. Mit der Kokosmilch wird das Ganze abgelöscht. Nun muss alles köcheln. Währenddessen werden die Nüsse gehackt.

Das fertige Curry wird nochmals mit Zucker und Salz abgeschmeckt. Zum Servieren wird das fertige Curry mit den Erdnüssen bestreut und mit dem Reis angerichtet.

Erdnuss - Curry

Nährwerte: 2212 kcal, 96 g KH, 86 g EW, 158 g FE

Zutaten für 2 Portionen:

Koriandergrün zum Garnieren / 200 g Hähnchenbrustfilet
50 g geröstete und geriebene Erdnüsse / 200 g Kartoffeln / ½ Limette
1 Zwiebel / 1 TL geriebene Limettenschale / 1 Paprikaschote
2 TL brauner Zucker / 2 EL neutrales Öl / 3 EL Fischsauce / 2 EL gelbe Currypaste
400 ml ungesüßte Kokosmilch aus der Dose / 1,5 EL Erdnussbutter

Zubereitung:

In einem Wok wird 1 EL Öl erhitzt. Das Fleisch wird in Streifen geschnitten und in den Wok gegeben. Das Fleisch wird leicht gesalzen und angebraten. Danach wird es aus dem Wok genommen. In demselben Wok wird das restliche Öl erhitzt. Die Zwiebeln werden fein gehackt und darin angedünstet. Mit der Kokosmilch werden die Zwiebeln abgelöscht. Jetzt wird die Erdnussbutter, der Zucker, die Currypaste, die Fischsauce und die Limettenschale eingerührt. Die Kartoffeln werden geschält und in Würfel geschnitten. Die Kartoffelwürfel werden ebenfalls in den Wok gegeben und bei schwacher Hitze so lange geköchelt, bis diese gar sind. Währenddessen werden die Paprika in Würfel geschnitten. Sobald die Kartoffeln gar gekocht sind, werden die Paprikawürfel hinzugegeben und für weitere 3 Minuten mitgekocht. Zum Schluss wird das Fleisch zurück in den Wok gegeben und das Ganze muss kurz aufkochen. Vor dem Servieren mit dem Limettensaft abschmecken.

Gebratenes Hühnchen mit Mie - Nudeln

Nährwerte: 2292 kcal, 267 g KH, 152 g EW, 65 g FE

Zutaten für 2 Portionen:

1 Prise Curry / 500 g Hähnchenbrustfilets / 1 Prise Paprikapulver / 1 Knoblauchzehe
1 Prise Cayennepfeffer / 1 EL Sambal Oelek / 4 EL Chilisauce / 4 EL Öl
4 EL Sojasauce / 3 Stangen Frühlingszwiebeln / 200 g Sojasprossen / 250 g Kartoffeln
250 g Mie – Nudeln

Zubereitung:

Der Knoblauch wird geschält und in feine Würfel geschnitten. Aus dem Öl, dem Sambal Oelek, der Sojasoße und dem Knoblauch wird eine Marinade hergestellt. Das Hähnchenfleisch wird in Streifen geschnitten und für ca. 6 Stunden in der Marinade eingelegt.

Sobald die 6 Stunden vergangen sind, werden die Mie - Nudeln nach Packungsanweisung in leicht gesalzenem Wasser gekocht. Die fertigen Nudeln werden abgegossen und in einem Wok mit etwas Öl angebraten. Danach werden die Nudeln wieder aus dem Wok genommen und zur Seite gestellt. Die marinierten Hähnchenstreifen werden in dem Wok ohne Öl scharf angebraten. Nun werden die Nudeln hinzugegeben. Die Karotten werden geschält und in dünne Streifen geschnitten. Die Karottenstreifen zu den Nudeln in den Wok geben und unterheben. Das Ganze wird so lange gegart, bis die Karotten noch bissfest sind. In der Zeit werden die Frühlingszwiebeln in Rauten geschnitten und in den Wok gegeben. Der Wok wird anschließend vom Herd genommen. Die Sojasprossen werden mit warmem Wasser abgespült und untergehoben. Mit dem Cayennepfeffer, dem Paprikapulver, der Sojasauce, dem Currypulver und der Chilisauce wird das Ganze abgeschmeckt. Das Gericht wird in dem Wok serviert.

Kung - Pao Huhn

Nährwerte: 2633 kcal, 58 g KH, 101 g EW, 218 g FE

Zutaten für 2 Portionen:

1,5 EL Maisstärke / 2 Tassen Erdnussöl / 1 EL Chilisauce
350 g Hähnchenfleisch (ohne Haut) / 2 TL Zucker / 2 TL helle Sojasauce
2 TL dunkler chinesischer Essig / 2 TL Reiswein / 1 EL dunkle Sojasauce
1 TL Maisstärke / 6 EL Hühnerbrühe / 1 Prise Salz / 1 EL Reiswein
1 Prise weißer Pfeffer / 1 Bund Frühlingszwiebeln / 1 rosa Pfefferbeere
2 TL Sesamöl / 3 cm Ingwerwurzel / ½ Tasse rohe Erdnüsse
1 Handvoll getrockneter Chilischoten / ½ Knolle Knoblauch

Zubereitung:

Das Fleisch wird in ca. 1 cm große Würfel geschnitten. Aus der hellen Sojasauce, dem Reiswein, der Stärke, Salz und Pfeffer wird eine Marinade hergestellt. Das Fleisch wird darin für 30 Minuten mariniert. Der Ingwer und der Knoblauch werden geschält und in dünne Scheiben geschnitten. Die Frühlingszwiebeln werden diagonal in Stücke geschnitten. Dabei werden die weißen und die grünen Teile getrennt. Die dunkle Sojasauce, der Essig, die Stärke, die Hühnerbrühe und die Chilisauce sowie der Zucker werden miteinander vermischt. Die Erdnusskerne werden von der Haut befreit. Ein Wok wird sehr stark erhitzt. Danach wird das Öl einfließen gelassen. Nun werden die Erdnüsse hinzugegeben und kurz frittiert. Auf einem Küchenpapier können die Erdnüsse abtropfen. Bis auf zwei EL wird das Öl aus dem Wok genommen. Danach wird das marinierte Fleisch hineingeben und verrührt. Wenn das Fleisch gar ist, wird 1 EL Reiswein hinzugegeben und gut mit dem Fleisch verrührt. Zum Abtropfen wird das Fleisch aus dem Wok in ein Sieb gegeben. Mit einem Küchenpapier wird der Wok ausgewischt und wieder erhitzt. Sobald der Wok heiß ist, werden 1-2 EL Öl hineingegeben. Nun werden die Pfefferbeeren und die Chilischoten hinzugegeben und unter ständigem Rühren wird beides so lange angebraten, bis die Chilis leicht bräunlich werden. Danach werden der Ingwer und der Knoblauch hinzugegeben und alles wird miteinander verrührt. Nach 1 Minute werden die weißen Teile der Frühlingszwiebel und das Fleisch in den Wok gegeben. Mit der bereits hergestellten Sauce wird alles abgelöscht. Sollte die Sauce zu dünnflüssig sein, können noch einige Erdnüsse untergerührt werden. Das Ganze wird auf eine Platte gegeben und mit den grünen Teilen der Frühlingszwiebeln garniert.

Fruchtiges Hähnchencurry

Nährwerte: 2653 kcal, 65 g KH, 98 g EW, 130 g FE

Zutaten für 2 Portionen:

100 ml Geflügelbrühe / 300 g Hähnchenbrustfilets / Salz und Pfeffer / 50 g Schalotten
1 EL Currypulver / 100 g stückige Ananas aus der Dose / 1 EL Saucenbinder nach Bedarf
100 g Pfirsiche aus der Dose / 1 EL Öl / 100 g Sahne

Zubereitung:

Das Hähnchenfleisch wird gewaschen, trocken getupft und klein geschnitten. In einem Wok wird Öl erhitzt und das Fleisch wird darin angebraten. Das Fleisch wird mit Salz und Pfeffer gewürzt. In der Zeit werden die Schalotten fein gehackt. Die Pfirsiche werden in Stücke geschnitten. Sobald das Hähnchenfleisch angebraten ist, werden die Schalotten hinzugegeben und glasig angebraten. Nun wird das Currypulver hinzugefügt und kurz angeröstet. Das Ganze wird mit der Geflügelbrühe und der Sahne abgelöscht. Nun muss alles aufkochen und bei geschlossenem Deckel und bei milder Hitze für 10 Minuten köcheln. Nach ca. 5 Minuten werden die Dosenfrüchte eingerührt. Sollte die Soße zu dünnflüssig sein, kann diese mit etwas Soßenbinder angedickt werden. Zum Schluss wird das Gericht mit Curry, Salz und Pfeffer gewürzt und kann serviert werden.

Makkaroni mit leckerer Soße

Nährwerte: 1961 kcal, 229 g KH, 112 g EW, 59 g FE

Zutaten für 2 Portionen:

2 Basilikumblätter / 200 ml Wasser / Schnittlauchröllchen / 1 große Spitzpaprika
etwas Öl / 2 dicke Zwiebeln / 250 g Makkaroni / 1 Becher Schmand
½ Tube Tomatenmark / etwas getrockneter Basilikum
etwas Ketchup / Salz und Pfeffer / 300 g Hähnchenbrustfilets

Zubereitung:

Das Fleisch, die Zwiebeln und die Paprika werden klein geschnitten. In einem Wok wird wenig Fett erhitzt. Dort werden die Zwiebeln und das Fleisch angebraten. Sobald das Fleisch von allen Seiten eine weiße Farbe angenommen hat, werden die Paprika hinzugefügt und mitgebraten. Danach wird das Tomatenmark eingerührt. Mit dem Wasser wird das Ganze abgelöscht. Die Soße muss nun köcheln. Währenddessen werden die Makkaroni nach Packungsanweisung in

Salzwasser gekocht. Kurz bevor die Makkaroni fertig sind, wird der Schmand in die Soße gegeben und verrührt. Nun werden Ketchup und die Gewürze hinzugegeben. Die Makkaroni werden abgegossen und ohne Abschrecken in die Soße gegeben. Die Makkaroni vorsichtig in der Soße umrühren. Zum Schluss werden einige Schnittlauchröllchen darübergestreut und das Gericht wird mit den Basilikumblättern garniert.

Balti Butter Chicken

Nährwerte: 2466 kcal, 47 g KH, 254 g EW, 137 g FE

Zutaten für 4 Portionen:

1 EL rote Currypaste / 150 ml Naturjoghurt / 4 TL Sahne / 50 g gemahlene Mandeln
2 TL frisch gehacktes Koriandergrün / 1,5 TL Chilipulver
2 mittelgroße Zwiebeln / ¼ TL Lorbeerblätter / 75 g Butter / ¼ TL Nelkenpulver
1 TL Öl / ¼ TL Zimtpulver / 1 kg Hähnchenbrustfilet (ohne Haut und Knochen)
1 TL Garam Masala / ¼ TL Salz / 1 EL Ingwerwurzel / 1 TL Knoblauch
4 grüne Kardamomkapseln (alternativ 1/2 TL Kardamompulver)
400 g gehackte Tomaten aus der Dose

Zubereitung:

Der Joghurt wird mit den gemahlenen Mandeln und den getrockneten Gewürzen gemischt. Der Ingwer wird in kleine Streifen geschnitten. Die Zwiebeln werden in feine Scheiben und der Knoblauch wird gehackt. Das Koriandergrün wird ebenfalls gehackt. Den Knoblauch, die Tomaten und das Salz mit der Hälfte des Ingwers zu der Joghurt-Mischung geben. Das Hähnchenfleisch wird in kleine Stücke geschnitten und in die Joghurt-Masse gegeben. Über Nacht wird das Fleisch in der Marinade ziehen gelassen. In einem Wok wird die Butter zum Schmelzen gebracht. Die Zwiebeln werden hinzugegeben und goldbraun angebraten. Danach wird das marinierte Fleisch hinzugegeben und angebraten. Die Hälfte des gehackten Korianders wird mit dem restlichen Ingwer hinzugefügt. Nun wird die Currypaste hinzugegeben und alles wird mit Salz abgeschmeckt. Das Ganze muss nun aufkochen und anschließend bei geringer Hitze für ca. 10-15 Minuten köcheln. Vor dem Servieren wird alles mit dem frischen Koriander bestreut.

Huhn mit Gemüse in Kokos - Soße

Nährwerte: 1233 kcal, 42 g KH, 84 g EW, 77 g FE

Zutaten für 4 Portionen:

evtl. Schnittlauch / 1 Stange Porree / Salz und Pfeffer / 1 rote Paprikaschote

3 EL Créme fraîche / 2 Möhren / 100 ml Brühe / 1 Limette / 165 ml Kokosmilch

300 g Hähnchenbrust / 1 EL Öl / ¼ TL Cayennepfeffer / 1 TL Ingwerpulver

½ TL Kurkuma

Zubereitung:

Das Gemüse wird gewaschen und geputzt. Die Möhren werden geschält. Danach wird das Gemüse in feine Stifte geschnitten. Die Limette wird ausgepresst. Das Fleisch wird abgebraust und trocken getupft. Danach wird das Fleisch in Streifen geteilt. In einem Wok wird das Öl erhitzt. Bei starker Hitze wird das Fleisch unter Rühren angebraten. Der Ingwer, der Cayennepfeffer, der Kurkuma, etwas Salz und der Pfeffer werden hinzugefügt und bei mittlerer Hitze mitgebraten. Nun werden die Kokosmilch, die Möhren und die Brühe hinzugefügt und alles wird aufgekocht. Jetzt wird das Créme fraîche eingerührt und das Porree sowie die Paprikastreifen werden hineingegeben. Das Ganze muss für ca. 7 Minuten köcheln. Mit etwas Salz, Cayennepfeffer, 3 EL Limettensaft und Pfeffer wird das Gericht abgeschmeckt. Zum Servieren wird das Gericht auf Tellern angerichtet und mit dem Schnittlauch bei Bedarf garniert.

Quinoa - Hähnchen - Pfanne

Nährwerte: 2540 kcal, 215 g KH, 156 g EW, 112 g FE

Zutaten für 4 Portionen:

Salz und schwarzer Pfeffer / 2 Knoblauchzehen / 3 mittelgroße Möhren

1 EL Honig / 2 EL Sojasauce / 1 Bund Frühlingszwiebeln

1 walnussgroßes Stück Ingwer / 250 g Quinoa / 500 g Hähnchenbrustfilets

1 Becher Sahne / 3 EL Öl

Zubereitung:

Der Ingwer und der Knoblauch werden geschält und fein gehackt. Dies mit dem Honig und der Sojasauce verrühren. Das Hähnchenfleisch wird in Würfel geschnitten und in die Marinade gegeben. Für einige Stunden wird das Fleisch in der Marinade eingelegt. In der Zeit werden die Möhren geschält und in Scheiben geschnitten. Die Zwiebeln werden in feine Ringe geschnitten und zur Seite gestellt. Das Zwiebelgrün wird extra gelegt. In einem Wok wird 1 EL Öl erhitzt. Das Fleisch wird darin angebraten und anschließend herausgenommen. In dem restlichen Öl werden die Zwiebeln (ohne das Grün) angebraten. Der Quinoa wird gewaschen, abgetropft und zu den Zwiebeln in den Wok gegeben. Darauf werden 250 ml Wasser gegeben und bei geschlossenem Deckel für 5 Minuten gekocht. Danach werden die Möhre und die Sahne untergemischt. Das Ganze mit Salz und Pfeffer abschmecken und für weitere 10 Minuten köcheln lassen. Zum Schluss wird das Fleisch und das Zwiebelgrün untergehoben und kurz mit erwärmt.

Pikante Putenpfanne mit Ajvar

Nährwerte: 2383 kcal, 86 g KH, 161 g EW, 144 g FE

Zutaten für 4 Portionen:

Paprikapulver / 500 g Putenbrust / Salz und Pfeffer / 1 rote Paprikaschote
Saucenbinder nach Bedarf / 1 gelbe Paprikaschote / 250 ml Gemüsebrühe
1 grüne Paprikaschote / 1 EL Olivenöl / 3 Zwiebeln
1 Becher Sahen zum Kochen (50% Fett) / 750 g Champignons
1 Becher Créme fraîche / 6 EL scharfes Ajvar

Zubereitung:

Die Zwiebeln werden in ca. 1 cm große Würfel geschnitten. Die Putenbrust wird grob gewürfelt. Die Paprikaschoten werden in 2x2 cm große Rauten geschnitten. Die Champignons werden je nach Größe halbiert oder geviertelt. In wenig Öl werden zuerst die Zwiebeln angebraten. Danach das Fleisch, anschließend die Paprikaschoten und zum Schluss die Pilze. Alles wird mit Salz, Pfeffer und Paprika gewürzt. Mit der Gemüsebrühe wird das Ganze abgelöscht. Nun wird die Sahne, das Créme fraîche hinzugefügt und das Ajvar wird untergerührt. Alles für ca. 10 Minuten köcheln lassen. Die Paprikaschoten sollten jedoch ihren Biss behalten. Zum Schluss wird alle nochmals abgeschmeckt. Sollte die Sauce zu dünn sein, kann diese mit etwas Saucenbinder angedickt werden.

Hähnchen Ananas Curry

Nährwerte: 1276 kcal, 100 g KH, 73 g EW, 64 g FE

Zutaten für 2 Portionen:

Chilipulver / 250 g Hähnchenbrustfilets / Salz und Pfeffer / 1 Dose stückige Ananas
etwas Öl / 1/2 Becher Sahne / 2 Beutel Reis / 100 g Sahne – Schmelzkäse
1 TL Instant Hühner- oder Gemüsebrühe / 2 Frühlingszwiebeln
3 TL Currypulver / 2 Knoblauchzehen / 1 EL Honig

Zubereitung:

Der Reis wird nach Packungsanweisung gekocht. Das Fleisch wird gehäutet, gewaschen und in kleine Würfel geschnitten. In einer Pfanne wird etwas Öl erhitzt und das Fleisch wird darin angebraten. Sobald das Hühnerfleisch leicht Farbe bekommt, wird der Honig hinzugegeben. Die Frühlingszwiebeln werden in feine Ringe geschnitten und die Knoblauchzehen werden durch die Knoblauchpresse gedrückt. Die Frühlingszwiebeln sowie den Knoblauch zu dem Fleisch geben und kurz mit anschwitzen. Die Ananas wird abgetropft. Dabei wird der Saft aufgefangen. Die Ananasstücke werden mit in die Pfanne gegeben und ebenfalls kurz mit angeschwitzt. Nun wird das Curry hinzugegeben und das Ganze wird durchgeröstet. Alles anschließend mit der Sahne ablöschen. Der Schmelzkäse wird langsam dazugegeben und zum Schmelzen gebracht. Nun muss das Gericht aufkochen und kann mit Salz, Pfeffer, Curry und der Instantbrühe sowie etwas gemahlenem Chili und dem aufgefangenen Ananassaft abgeschmeckt werden. Zum Servieren wird das Curry auf dem Reis angerichtet.

Pute mit Gemüse und gebratenen Mie - Nudeln

Nährwerte: 1275 kcal, 184 g KH, 70 g EW, 25 g FE

Zutaten für 2 Portionen:

Koriandergrün / 200 g geschnetzeltes Putenfleisch / 50 ml Wasser
150 g rote Paprikaschoten / 1 EL Hoisinsauce / 80 g Lauch / 3 EL chinesische Sojasauce
50 g Karotten / 4 Spritzer brauner Reisessig / 50 g Sojasprossen
1 cm frisch geriebener Ingwer / 1 rote Chilischote (thailändisch)
1/2 chinesische Knoblauchzehe / 180 g Mie – Nudeln / 1 TL Gewürzmischung /Öl
Chiliflocken / Zitronenpfeffer / gemahlener Koriander / Salz / 1 Prise Zucker

Zubereitung:

Unter kaltem Wasser wird das Putengeschnetzelte abgebraust und trocken getupft. Das Fleisch wird mit Zitronenpfeffer, Salz und gemahlenem Koriander eingerieben. Die Mie - Nudeln werden in kochendem Wasser mit wenig Salz gegeben. Danach wird der Topf von dem Herd genommen und die Nudeln werden für 4-5 Minuten darin eingeweicht und abgetropft. In der Zeit wird in einem Wok Öl stark erhitzt und das Fleisch wird darin knusprig angebraten. Die Paprikaschote wird gewürfelt. Der Lauch wird in Ringe geschnitten. Die Karotten werden in dünne Scheiben geschnitten. Die Knoblauchzehe und die Chilischote werden fein gehackt. Das geschnittene Gemüse wird zu dem Fleisch in den Wok gegeben und mitgebraten. Danach wird der Knoblauch und der Essig sowie der Ingwer hinzugegeben. Das Ganze wird mit den Saucen und den Gewürzen abgeschmeckt. Nun kommt etwas Wasser in den Wok und das Ganze wird warm gestellt. In demselben Wok wird etwas Öl erhitzt und die Mie - Nudeln werden darin angebraten. Zum Schluss werden die Nudeln mit frisch gemahlenen Chiliflocken bestreut und zusammen mit dem Gemüse und dem Fleisch serviert.

Hühnerfleisch mit chinesisch gebratenen Nudeln, Ei und Gemüse

Nährwerte: 1043 kcal, 173 g KH, 39 g EW, 19 g FE

Zutaten für 1 Portion:

etwas Öl / 125 g Woknudeln / etwas Sesamöl / 1 Handvoll Karotten
etwas weißer Pfeffer / 1 Handvoll Sojasprossen / etwas Salz / 1 Handvoll Lauch
1 EL dunkle Sojasauce / 1 EL Zwiebeln / 1/4 TL Zucker /1 Ei / 80 g Hähnchenfleisch

Zubereitung:

Die Nudeln werden mit warmem Wasser übergossen und für ca. 15 Minuten ziehen gelassen. Danach werden die Nudeln abgetropft. Das Hähnchenfleisch wird in kleine Stücke geschnitten und in gesalzenem Wasser gekocht. Das Fleisch danach abtropfen lassen. In einem heißen Wok wird etwas Öl gegeben. Das Ei wird verquirlt und in dem Wok kurz angebraten. Die Zwiebel wird gehackt und zu dem Ei gegeben. Alles wird kurz gebraten. Die Karotten werden geschält und in Streifen geschnitten. Der Lauch wird ebenfalls klein geschnitten und zusammen mit den Karottenstreifen in den Wok gegeben. Das Ganze kurz anbraten und die Nudeln hinzugeben. Diese werden ebenfalls mitgebraten. Mit Zucker, Salz und der dunklen Sojasoße wird alles gewürzt und miteinander verrührt. Jetzt wird das gekochte Fleisch und die Sojasprossen hinzugegeben und untergemischt. Zum Schluss wird das Gericht mit dem weißen Pfeffer und etwas Sesamöl abgeschmeckt und kann anschließend serviert werden.

Hähnchen süßsauer

Nährwerte: 1626 kcal, 189 g KH, 155 g EW, 22 g FE

Zutaten für 4 Portionen:

Sojasauce / 600 g Hähnchenbrustfilets / Salz und Pfeffer
1 rote Paprikaschote / Öl / 2 Zwiebeln / 4 EL Speisestärke / 400 g Ananas
1 Eiweiß / 40 g Ingwer / 2 EL Honig / 200 ml Orangensaft
200 ml Ketchup / 2 EL Rotweinessig

Zubereitung:

Die Hähnchenbrustfilets werden in dünne Streifen geschnitten. Mit 1 TL Salz, dem Eiweiß, etwas Wasser, 1 TL Sojasoße sowie der Speisestärke werden die Hähnchenbruststreifen verrührt. In einem Wok wird das Ganze in reichlich Öl knusprig angebraten und anschließend warm gestellt. Die Paprika wird geviertelt, entkernt und das Fruchtfleisch wird in Würfel geschnitten. Die Zwiebel wird ebenfalls gewürfelt. Die Ananas wird geschält und der Strunk wird entfernt. Anschließend wird das Fruchtfleisch der Ananas in Scheiben geschnitten. Der Ingwer wird geschält und in feine Streifen geschnitten. In einer heißen Pfanne werden die Zwiebeln und die Paprika unter Schwenken angebraten. Dann wird der Ingwer hinzugegeben und kurz mit angeschwitzt. Mit dem Ketchup, dem Essig, dem Honig und dem Orangensaft wird alles abgelöscht und kurz aufgekocht. Danach werden die Ananasscheiben und das Fleisch hinzugegeben und für 5 Minuten bei kleiner Hitze ziehen gelassen. Zum Schluss wird alles mit Salz und Pfeffer gewürzt.

Massaman - Curry

Nährwerte: 1812 kcal, 139 g KH, 128 g EW, 16 g FE

Zutaten für 4 Portionen:

Öl / 500 g Hühnerbrüste /1 Stängel Zitronengras / 1 Bund Frühlingszwiebeln
1/2 Bund frischer Koriander / 1 Beutel Currypaste (Massaman) / 3 cm frischer Ingwer
400 ml Kokosmilch / 4 mittelgroße Kartoffeln / 2 EL cremige Erdnussbutter
100 g Erdnüsse / 1 EL Zucker / 4 EL Fischsauce / 1 EL Essig

Zubereitung:

Die Hühnerbrust wird in feine Streifen geschnitten. Die Frühlingszwiebeln werden in Ringe schnitten. Die Kartoffeln werden geschält und in ca. 1 cm große Würfel geschnitten. Der Ingwer wird ebenfalls geschält und fein gehackt. Das Zitronengras wird in drei Stücke geschnitten. Der Koriander wird ebenfalls gehackt und die Blätter werden grob von den Stielen / Wurzeln getrennt. In einem Wok wird Öl erhitzt und die Hähnchenbruststreifen werden darin angebraten. Die Kartoffelwürfel werden hinzugegeben und ebenfalls kurz mit angebraten. Das Ganze wird mit der Kokosmilch abgelöscht. Nun werden die Currypaste, der Zucker, die Fischsauce, die Erdnussbutter, der Essig, der Ingwer, das Zitronengras und die Erdnüsse sowie die Stiele und Wurzeln von dem Koriander hinzugegeben. Das Ganze muss nun unter häufigem Rühren für ca. 40 Minuten garen. Sollte Zuviel Flüssigkeit verdampfen, kann etwas Wasser oder Brühe hinzugegeben werden. Nach Ablauf der Zeit wird das Zitronengras aus dem Wok entfernt. Die Frühlingszwiebeln werden hinzugegeben und alles für ca. 5 Minuten köcheln lassen. Danach wird das Koriandergrün hineingegeben und das Gericht kann serviert werden.

Gong Bao Chicken

Nährwerte: 2651 kcal, 165 g KH, 125 g EW, 41 g FE

Zutaten für 3 Portionen:

Öl / 400 g geschnetzeltes Hühnerfleisch / 20 ml süße Sojasauce / 1 EL Mehl
2 g gehackter Ingwer / 50 g ungesalzene und geschälte Erdnüsse / 1 Zwiebel
10 zerstoßener Szechuanpfeffer / 1 EL Essig / 2 Knoblauchzehen
50 ml Weißwein / 1 Bund Frühlingszwiebeln / 25 g Zucker / 2 Chilischoten

Zubereitung:

Mit Öl wird der Boden des Woks großzügig bedeckt. Auf höchster Stufe wird das Öl erhitzt. Das Hühnerfleisch wird von allen Seiten mit Mehl bestäubt und in dem Wok scharf angebraten. Danach wird das Fleisch gesalzen. Sobald das Hühnerfleisch fertig angebraten ist, wird dieses aus dem Wok genommen. Evtl. muss nun wieder etwas Öl in den Wok gegeben werden. Dort werden die gehackten Erdnüsse leicht angebraten. In der Zeit wird die Zwiebel in Streifen geschnitten. Die Erdnüsse werden aus dem Wok genommen und die geschnittene Zwiebel werden hineingegeben und ebenfalls angebraten. Danach wird der gehackte Knoblauch hinzugegeben und mit angebraten. Währenddessen werden die Frühlingszwiebeln und die Chilischoten in Streifen geschnitten und zu den Zwiebeln in den Wok gegeben. Jetzt wird der Zucker darüber gestreut und alles karamellisieren lassen. Das Fleisch und die Erdnüsse werden zurück in den Wok gegeben. Das Ganze mit dem Wein ablöschen und aufkochen lassen. Danach wird der Essig hinzugegeben. Zum Schluss wird alles mit der Sojasauce, dem Pfeffer und dem Ingwer gewürzt und abgeschmeckt.

Schnelles Thai - Curry mit Paprika, Huhn und feiner Erdnussnote

Nährwerte: 2050 kcal, 210 g KH, 185 g EW, 26 g FE

Zutaten für 4 Portionen:

500 g Jasminreis / 500 g Hähnchenbrustfilets / 1 EL Thai – Basilikum / 2 EL Pflanzenöl
1 TL Zitronengraspaste / 1 EL Sojasauce / 1 TL Palmzucker (alternativ brauner Zucker)
1 frische Ingwerwurzel (ca. daumengroß) / 1 EL Fischsauce / 1 EL rote Currypaste
10 Maiskölbchen aus dem Glas / 1 EL Erdnussbutter / 1 kl. Glas Bambussprossen
400 ml ungesüßte, cremige Kokosmilch / 3 Frühlingszwiebeln / 2 rote Paprikaschoten

Zubereitung:

Die Hähnchenbrustfilets werden in feine Streifen geschnitten und mit 1 EL Öl, Sojasoße und 1 EL Ingwer vermischt. Das Ganze für ca. 30 Minuten marinieren lassen. In der Zeit wird das Gemüse geputzt. Die Paprikaschoten und die Frühlingszwiebeln werden in feine Streifen geschnitten. Die Bambussprossen werden abgetropft und ebenfalls in feine Streifen geschnitten. Die Maiskölbchen werden in der Länge halbiert. In einer beschichteten Pfanne wird das Fleisch angeraten und anschließend zur Seite gestellt. In einem Wok wird die Currypaste mit 1 EL Öl angeröstet. Danach wird die Erdnussbutter untergerührt und schmelzen gelassen. Das Ganze wird mit der Kokosmilch abgelöscht. Nun wird das Gemüse hinzugegeben. Das Ganze muss für ca. 15 Minuten köcheln. In der Zwischenzeit wird der Reis nach Packungsanweisung zubereitet und ausdämpfen gelassen.

Kurz bevor die 15 Minuten enden, wird das Fleisch zu dem Gemüse gegeben und kurz mit erhitzt. Mit dem Palmzucker, der Fischsauce und der Zitronengraspaste wird das Curry abgeschmeckt. Zum Servieren kann etwas Thai - Basilikum über das Curry gestreut werden. Mit dem Reis wird das fertige Curry angerichtet.

Glasiertes Huhn mit Hoisinsauce und Cashewkernen

Nährwerte: 1932 kcal, 80 g KH, 157 g EW, 105 g FE

Zutaten für 4 Portionen:

30 g geröstete Cashewnüsse / 500 g Hühnerfleisch (ohne Haut und Knochen)

1 EL Reiswein / 5 EL Hoisinsauce / 3 Knoblauchzehen / 1/2 Bund Frühlingszwiebeln

Für die Marinade:

2 TL Sesamöl / Salz / 1 TL Speisestärke / weißer Pfeffer / 1 Eiweiß / 2 TL Reiswein

Zubereitung:

Das Eiweiß wird schaumig aufgeschlagen. Das Hühnerfleisch wird in ca. 1 cm große Würfel geschnitten. Das Hühnerfleisch wird mit Salz, Pfeffer, 2 TL Reiswein und 1 TL Speisestärke zu dem Eiweiß gegeben und in eine Richtung verrührt. Das Fleisch muss für mindestens 15 Minuten marinieren. Kurz vor Ablauf der 15 Minuten werden 2 TL Sesamöl untergerührt. Die Frühlingszwiebeln werden diagonal in Ringe geschnitten. Dabei wird das weiße und das grüne Teil voneinander getrennt. Der Knoblauch wird geschält und fein gehackt. Über eine Schüssel wird ein Haarsieb gegeben. Der Wok wird erhitzt und 2 EL Öl werden darin geschwenkt. Sobald das Öl erhitzt ist, wird das Hühnerfleisch hineingegeben und unter Rühren für ca. 1 Minute angebraten. Von der Seite wird der Reiswein hineingegossen und für ca. 30 Sekunden eingerührt. Das angebratene Fleisch wird in das Sieb gegeben. Der Wok wird nun ausgewischt und wieder erhitzt. Dort wird 1 EL Öl erhitzt und der Knoblauch sowie der weiße Teil der Frühlingszwiebeln wird darin für ca. 3 Minuten unter Rühren angebraten. Danach wird die Hiosinsauce hinzugegeben und alles wird gut miteinander verrührt. Jetzt kann das Fleisch zurück in den Wok gegeben werden und die Cashewnüsse werden hinzugefügt. Das Ganze wird mit dem grünen Teil der Frühlingszwiebeln bestreut und mit Reis serviert.

Rotes Hähnchencurry

Nährwerte: 2267 kcal, 11 g KH, 163 g EW, 125 g FE

Zutaten für 4 Portionen:

1 Bund Basilikum / 600 g Hähnchenbrustfilets / 1 rote Paprikaschote

3 EL Palmzucker (alternativ brauner Rohrzucker) / 1 EL Limettensaft / 5 Frühlingszwiebeln

3 EL Fischsauce / 1 Knoblauchzehe / 2 EL rote Currypaste

4 Kaffir – Limettenblätter / 1 Dose ungeschüttelte Kokosmilch (ca. 400 ml)

Zubereitung:

Die Hähnchenbrustfilets werden gegen die Fasern in Streifen geschnitten. Die Paprikaschote wird geviertelt und quer in Streifen geschnitten. Die Frühlingszwiebeln werden quer in ca. 1 cm große Stücke geschnitten. Von den Kaffir - Limettenblätter wird der innere Blattstiel herausgeschnitten und in feine Streifen geschnitten. Der Knoblauch wird fein gehackt. Der Basilikum wird gewaschen und vorsichtig trocken geschüttelt. Nun wird ein Wok erhitzt. Die Dose der Kokosmilch wird nicht geschüttelt, damit ca. 3-4 EL der abgesetzten Kokossahne in den Wok gegeben werden kann. Unter Rühren muss die Kokossahne für ca. 1 Minute in dem Wok kochen. Danach wird mit einem Schneebesen die Currypaste eingerührt. Das Ganze wird aufgekocht. Danach werden der Knoblauch und die Kaffir - Limettenblätter hinzugegeben und kurz mit angebraten. Danach wird die restliche Kokosmilch hineingegeben und ebenfalls aufgekocht. Für ca. 15 Minuten muss alles köcheln. Mit dem Zucker, dem Limettensaft und der Fischsauce wird das Ganze abgeschmeckt. Nun wird das Fleisch hineingegeben und für ca. 5 Minuten bei mittlerer Hitze köcheln gelassen. Die Frühlingszwiebeln werden zusammen mit der Paprika in den Wok gegeben. Bei geschlossenem Deckel wird das Ganze für ca. 5 Minuten köcheln gelassen. Kurz vor dem Servieren werden die abgezupften Basilikumblätter untergerührt. Das Hähnchencurry kann anschließend mit Reis serviert werden.

Schwein

Nasigoreng mit Spiegelei

Nährwerte: 1696 kcal, 110 g KH, 108 g EW, 89 g FE

Zutaten für 4 Personen:

1 Msp. gemahlener Galant / 300 g Langkornreis / 1 TL Sambal Oelek / Salz
2 EL süße Sojasauce / 1 Bund Frühlingszwiebeln / Pfeffer aus der Mühle / 350 g Schweinefilet
6 EL Öl / 4 Schalotten / 4 Eier / 2 Knoblauchzehen

Zubereitung:

Der Reis wird unter fließendem Wasser gewaschen und abtropfen gelassen. Danach wird der Reis mit der 1 1/2-fachen Menge Wasser und 1 TL Salz aufgekocht. Bei schwacher Hitze und geschlossenem Deckel muss der Reis für ca. 20 Minuten quellen. Jetzt kann der Reis etwas aufgelockert und zum Ausdampfen ohne Deckel zur Seite gestellt werden. In der Zwischenzeit werden die Frühlingszwiebeln geputzt und gewaschen. Die weißen Enden werden längst geviertelt und dann quer in ca. 4 cm lange Stücke geschnitten. Das Schweinefilet wird in Scheiben und anschließend in Streifen geschnitten, die Schalotten werden geschält und in feine Scheiben geschnitten. Der Knoblauch wird geschält und fein gehackt. Der Wok wird zuerst stark erhitzt. Danach werden 3 EL Öl hinzugegeben. Die Hälfte der Schalottenscheiben werden zu Ringen aufgeblättert und in dem heißen Öl unter häufigem Wenden knusprig und goldbraun angebraten. Danach werden die Schalotten aus dem Öl genommen und auf einem Küchenpapier abgetropft. Jetzt werden wieder 2 EL Öl in den Wok gegeben. Das Fleisch wird darin unter ständigem Rühren für ca. 5 Minuten gebraten. Nun werden die restlichen Schalotten, der Knoblauch und die Frühlingszwiebeln hinzugegeben. Alles kurz anbraten. Zum Schluss kommt der Reis hinzu. Dieser wird bei starker Hitze für 3-5 Minuten unter Rühren ebenfalls angebraten. Der Reis sollte goldgelb werden, in der Zeit wird in einer extra Pfanne 1 EL Öl erhitzt. Die Eier werden darin zu Spiegeleiern gebraten. Das Eiweiß wird leicht mit Salz und Pfeffer gewürzt. Der fertig gebratene Reis wird mit Ketjap Manis, Sambal Oelek und Galant vermischt. Anschließend wird das Ganze mit Salz und Pfeffer abgeschmeckt und auf einem Teller angerichtet. Auf jede fertige Portion wird ein Spiegelei gelegt und mit den gerösteten Schalotten bestreut.

Soboro Don (Reisschale mit Hackfleisch)

Nährwerte: 736 kcal, 95 g KH, 64 g EW, 10 g FE

Zutaten für 1 Portion:

2 EL Zucker / ½ Frühlingszwiebel / 2 EL Wasser / 2 Knoblauchzehen

3 EL Sojasauce / 2 EL Mirin / ½ EL Sesamöl / 1 EL Reisessig

250 g Schweinehackfleisch / 200 g Rundkornreis / 1 Prise Salz

Zubereitung:

Der Reis wird nach Packungsanweisung zubereitet. Für die Soße wird das Sesamöl mit 2 EL Sojasauce, 1 EL Zucker, dem Wasser, 1 EL Mirin und dem Salz verrührt. Die Knoblauchzehen werden geschält und fein geschnitten. In einer Pfanne wird der Knoblauch für ca. 2 Minuten angebraten. Anschließend wird das Hackfleisch hinzugefügt. Gleichzeitig wird der restliche Mirin, Sojasauce und Zucker hinzugegeben. Das Hackfleisch muss nun für 5-6 Minuten gebraten werden. In der Zeit wird die Frühlingszwiebel in sehr dünne Stücke geschnitten. Der fertig gekochte Reis wird in eine Schale gegeben und das Hackfleisch wird darauf verteilt. Die geschnittenen Frühlingszwiebeln werden über das Hackfleisch gegeben. Zum Schluss wird ein Eigelb über die Frühlingszwiebeln gelegt und mit der fertigen Soße wird alles begossen. Vor dem Servieren wird das Ganze gut durchgemischt.

Katsudon

Nährwerte: 2518 kcal, 357 g KH, 167 g EW, 42 g FE

Zutaten für 4 Portionen:

1 Zwiebel / 6 Tassen gekochter Reis / ½ Tasse Pflanzenöl / 1,5 Tassen Semmelbrösel 4 Scheiben Schweinelende (450 g) / Salz und Pfeffer / Mehl / 5 Eier

Für die Brühe:

Tonkatsu – Soße / 1,5 Tassen Dashi – Brühe / 20 g grüne Erbsen

6 EL Soja – Soße / 3 EL Sake / 7,5 EL Mirin

Zubereitung:

Die Schweinelenden werden mehrmals an dem Fettrand eingeschnitten. Danach wird das Fleisch weichgeklopft, gesalzen und gepfeffert. Ein Ei wird auf einem flachen Teller verquirlt. Die Schweinelenden werden trocken getupft und mit Mehl bestäubt. Danach werden die

Schweinelenden in das verquirlte Ei gegeben und anschließend in den Semmelbröseln gewendet. Die Semmelbrösel werden gut angedrückt. In einer Pfanne Pflanzenöl erhitzen und die Schnitzel für 5-6 Minuten darin braten. Dabei werden die Schnitzel mehrfach gewendet. Die Zwiebel wird in Ringe geschnitten. Alle Zutaten für die Brühe werden miteinander verrührt. In einer kleinen Pfanne werden 1/4 der Zwiebelringe mit 1/4 der Brühe so lange köcheln gelassen, bis diese weich sind. Die fertigen Schnitzel werden in mundgerechte Stücke geschnitten und mit in die Pfanne zu den Zwiebeln gegeben. Danach wird das verquirlte Ei darüber gegeben. Sobald das Ei anfängt zu stocken, wird 1/4 der Erbsen darüber gestreut. 1/4 des fertigen und noch warmen Reis wird in eine Schale gegeben. Die fertige Schnitzel - Mischung wird über dem Reis angerichtet. Die restlichen drei Schnitzel werden nach demselben Prinzip zubereitet.

Chinakohl - Nudel - Pfanne

Nährwerte: 2267 kcal, 384 g KH, 95 g EW, 32 g FE

Zutaten für 4 Portionen:

Sambal Oelek / 500 g asiatische Bandnudeln / 2 EL Sojasauce

Salzwasser / 1 EL Öl / 400 g Möhren / 100 g Kochschinken

1 Kopf Chinakohl (ca. 650 g) / 1 Bund Lauchzwiebeln

Zubereitung:

Die Nudeln werden in kochendem Salzwasser für ca. 3 Minuten bei schwacher Hitze gar ziehen gelassen. Mit einer Gabel werden die Nudeln auseinandergezogen. Danach werden die Nudeln abgegossen, abgeschreckt und abtropfen gelassen. Die Möhren werden in Scheiben und anschließend in dünne Streifen geschnitten. Der Chinakohl wird geviertelt und der Strunk wird entfernt. Danach wird der Kohl in ca. 1 cm breite Streifen geschnitten. Die Lauchzwiebeln werden in Ringe und der Schinken in Streifen geschnitten. In einem Wok wird Öl erhitzt. Die Möhren, der Kohl und der Schinken werden darin unter Rühren angebraten. Nun werden die Nudeln hinzugefügt und für ca. 5 Minuten unter gelegentlichem Rühren angebraten. Zum Schluss werden die Lauchzwiebeln zugefügt und ebenfalls kurz mit angebraten. Mit dem Sambal Oelek und der Sojasauce wird alles abgeschmeckt.

Asia - Kokos - Pfanne

Nährwerte: 1242 kcal, 80 g KH, 77 g EW, 60 g FE

Zutaten für 2 Portionen:

Salz / 2 rote Paprikaschoten / ½ Dose Kokosmilch / 2 gelbe Paprikaschoten
den Saft einer Orange / 1 halbe Zucchini / 1 TL Rapsöl
1 kleine Karotte / 250 g Schweinefilets / 1 Handvoll Zuckerschote
2 Piri-Piri / 1 Knoblauchzehe / 1 Eiweiß / 1 Zwiebel
1 Scheibe Ingwer

Zubereitung:

Die Paprikaschoten werden in mundgerechte Stücke geschnitten. Die Zucchini wird in Scheiben geschnitten. Die Karotte wird geschält und in dünne Scheiben geschnitten. Der Knoblauch, die Zwiebel und der Ingwer sowie das Piri-Piri werden gehackt. Das Schweinefilet wird in Streifen geschnitten. In einem Wok wird das Öl erhitzt. Das Fleisch wird mit dem Eiweiß vermischt. In dem Wok wird das Fleisch scharf angebraten. Danach wird die Zwiebel hinzugegeben und glasig angebraten. Nun wird die Hitze etwas reduziert und das restliche Gemüse, außer den Zuckerschoten, werden in den Wok gegeben. Der Ingwer und das Piri-Piri werden untergemischt und alles wird gut miteinander verrührt. Alles für 2 Minuten erhitzen und anschließend die Zuckerschoten hinzugeben. Wenn das Gemüse fast fertig gegart ist, wird alles mit dem Orangensaft abgelöscht. Das Ganze etwas einkochen lassen und danach die Kokosmilch unterrühren. Das Gericht mit Salz abschmecken. Danach kann die Asia-Kokos-Pfanne serviert werden.

Asiatisches Schweinefilet aus dem Wok

Nährwerte: 2265 kcal, 119 g KH, 125 g EW, 60 g FE

Zutaten für 4 Portionen:

2 Scheiben Ananas aus der Dose / 1 Schweinefilet (ca. 500 g)
1 Tasse frische Sojasprossen / 1 große Zwiebel / 1 Tasse Erbsen
1 große Karotte / 4 Frühlingszwiebeln / 1 kleine getrocknete Chilischote ohne Kern
1 Stängel Zitronengras (der weiße Teil) / 1 haselnussgroßes Stück Ingwer
2 rote Paprikaschoten / 1 große Knoblauchzehe / 2 grüne Paprikaschoten
Öl zum Braten / evtl. Ingwerpulver / evtl. Chilisauce

Für die Marinade:

1 TL Öl / 1 EL dunkle Sojasauce / 1 EL helle Sojasauce

<u>Für die Sauce:</u>

1 TL Speisestärke / 4 EL dunkle Sojasauce / 1 TL Öl / 1 EL süße Sojasauce

½ TL Kurkuma / 4 EL Essig / ½ TL Kardamom

4 EL Austernsauce / ½ TL Garam Masala / 4 EL Tomatenmark

20 ml Sherry / 80 ml Ananassaft aus der Dose / 3 TL Zucker / 90 ml Wasser

Zubereitung:

In einem Sieb werden die Erbsen aufgetaut. Für die Marinade werden alle Zutaten miteinander verrührt. Das Schweinefilet wird in dünne, trapezförmige und mundgerechte Scheiben geschnitten. Für ca. 1 Stunde wird das Fleisch in der Marinade eingelegt. In der Zeit wird das Gemüse geputzt. Die Karotte und die Paprikaschoten werden geschält und in kleine Würfel geschnitten. Der Ingwer wird geschält. Die Chilischote wird geputzt und der Knoblauch wird geschält. Der Ingwer, der Knoblauch und die Chilischote werden fein gehackt. Die Zwiebel wird ebenfalls geschält und grob gewürfelt. Die Frühlingszwiebeln werden geputzt und in Ringe geschnitten. Dabei wird das grüne und der weiße Teil getrennt. Für die Sauce werden alle Zutaten miteinander vermischt. Die Speisestärke wird in kaltem Wasser aufgelöst und hinzugegeben. In einem Wok wird das Fleisch scharf angebraten und zur Seite gestellt. In demselben Wok werden die Karotten, die Zwiebeln, der Chili und der Knoblauch für ca. 2 Minuten unter Rühren angebraten. Danach werden die Paprikaschoten und das Weiße der Frühlingszwiebeln hinzugefügt. Alles für 2-3 Minuten unter Rühren mitbraten. Mit der Sauce wird das Ganze abgelöscht. Nun wird das Zitronengras hinzugegeben und kurz aufgekocht. Die Hitze wird reduziert. Das Fleisch und das Grün der Frühlingszwiebeln werden jetzt in den Wok gegeben. Der Deckel wird auf den Wok gegeben und alles muss kurz durchziehen. Danach werden die Sojasprossen hinzugegeben. Nach ca. 1-2 Minuten werden die Ananasstücke und die Erbsen untergehoben. Alles noch einmal kurz durchziehen lassen. Vor dem Servieren wird das Gericht mit der Chilisauce und dem Ingwerpulver gewürzt.

Gebratene Nudeln mit Schweinefleisch

Nährwerte: 1403 kcal, 125 g KH, 77 g EW, 56 g FE

Zutaten für 2 Portionen:

dunkle Sojasoße zum Abschmecken / 200 g chinesische Eiernudeln

1/3 Bund gehackter Koriander / 200 g Schweinefilets / 1-2 rote Chilis

1 rote Paprika / 1 Stück Ingwer (ca. 2 cm lang) / 200 g Pilze

1 TL Austernsauce / 100 g Bohnensprossen / 1 TL Fischsauce / 1 Knoblauchzehe

2 EL Sonnenblumenöl / 1 EL Sesamöl

Zubereitung:

Die Nudeln werden nach Packungsanweisung gekocht. Danach werden die Nudeln abgegossen. Das Schweinefilet wird in mundgerechte Streifen oder Würfel geschnitten. In einem Wok mit Öl werden die Schweinefiletstreifen für ca. 2 Minuten von beiden Seiten angebraten. Wenn das Fleisch durchgebraten ist, wird es aus dem Wok genommen und zur Seite gestellt. Die Paprika und der Chili werden in feine Streifen geschnitten. Die Pilze werden in Scheiben geschnitten. Der Knoblauch und der Ingwer werden gehackt. In dem Wok wird zuerst der Ingwer und anschließend der Knoblauch sowie der Chili für ca. 1 Minute angebraten. Danach werden die Paprika, die Austern- und Fischsauce sowie die Pilze hinzugegeben. Unter Rühren und bei hoher Hitze wird das Ganze für ca. 5 Minuten angebraten. Nun werden die fertigen Nudeln und die Bohnensprossen hinzugegeben. Alles muss für weitere 2-3 Minuten gebraten werden. Zum Schluss wird das Fleisch hinzugegeben und alles wird mit der Sojasauce abgeschmeckt. Zum Servieren wird das fertige Gericht mit dem gehackten Koriander garniert.

Bunte Paprikapfanne aus dem Wok

Nährwerte: 1446 kcal, 130 g KH, 123 g EW, 43 g FE

Zutaten für 4 Portionen:

Salz / 500 g Schweineschnitzel / 1 Msp. Sambal Oelek

1 Zwiebel / 250 ml süß - saure Sauce / 1 kleine Dose gestückelte Ananas

2 EL Öl / 800 g bunte Paprikaschoten / 2 EL Sojasauce

Zubereitung:

Das Fleisch wird in Streifen geschnitten. Die Zwiebel wird geschält und fein gewürfelt. Die Ananas wird in einem Sieb abgetropft. Dabei wird der Saft aufgefangen. Die Zwiebel, 2-3 EL Ananassaft, die Sojasoße und das Fleisch werden vermischt. Für ca. 20-30 Minuten wird das Fleisch mariniert. Die Paprika werden geputzt und in feine Streifen geschnitten. In einem Wok wird das Öl erhitzt. Das Fleisch wird aus der Marinade herausgenommen und abgetropft. In dem heißen Öl wird das Fleisch portionsweise angebraten. Das Fleisch aus dem Wok nehmen und mit Salz würzen. In dem Bratenfett werden die Paprikastreifen kurz angeschmort. Mit der süß - sauren Sauce und der Marinade wird alles angeschlossen und für ca. 5 Minuten gegart. Die Ananasstücke und das Fleisch in den Wok geben und alles erhitzen. Mit dem restlichen Ananassaft, dem Salz und Sambal Oelek wird die fertige Paprikapfanne gewürzt.

Süß - scharfer roter geschmorter Schweinebauch

Nährwerte: 2584 kcal, 181 g KH, 227 g EW, 104 g FE

Zutaten für 4 Portionen:

2 Portionen gekochter Reis / 1 kg Schweinebauch (ohne Haut und Knochen)
3 EL brauner Zucker / ½ Liter Wasser / etwas Salz / 1 EL Öl
120 ml helle Sojasauce / 2 gehäufte TL brauner Zucker / 120 ml dunkle Sojasauce
¼ Liter Reiswein / 5 Frühlingszwiebeln / 1 Stange Zimt / 3 cm langer frischer Ingwer
3 Sternanis / 3 kleine getrocknete rote Chilischoten

Zubereitung:

Der Ingwer wird fein gewürfelt. Das Fleisch wird in ca. 2 cm dicke Streifen geschnitten. In einer Pfanne wird das Wasser zum Kochen gebracht. Darin wird das Fleisch für ca. 4 Minuten gekocht. Danach wird das Fleisch herausgenommen und etwas abgekühlt. Das Wasser wird zur Seite gestellt. Nun wird das Fleisch in ca. 2 cm große Stücke geschnitten. In einem Wok wird das Erdnussöl erhitzt. Danach wird der Zucker hineingegeben. Sobald der Zucker karamellisiert ist, werden die Fleischstücke hinzugegeben. Unter ständigem Rühren muss das Fleisch für ca. 30 Sekunden braten. Mit dem Reiswein wird alles abgelöscht. Danach wird die dunkle Sojasoße hinzugegeben und mit dem Wasser wird alles abgelöscht. Das Fleisch sollte vollständig bedeckt sein. Nun wird der Zimt, der Ingwer, der Sternanis und die Chilis hinzugegeben. Alles wird aufgekocht und die Hitze wird reduziert. Für mindestens 1,5 Stunden wird alles auf kleiner Flamme bei geschlossenem Deckel geköchelt. In der Zeit werden die Jungzwiebeln in kleine Stücke geschnitten. Nach 1,5 Stunden wird der Deckel von dem Wok genommen und die Hitze wird wieder hoch gedreht. Mit Salz, braunem Zucker und der hellen Sojasoße wird das Ganze abgeschmeckt. Unter Rühren alles kochen lassen. Danach werden die Jungzwiebeln untergemischt. Das fertige Gericht wird in einer Schüssel auf dem Reis angerichtet und kann sofort serviert werden.

Schweinefleisch süß - sauer

Nährwerte: 3709 kcal, 180 g KH, 112 g EW, 276 g FE

Zutaten für 4 Portionen:

1/4 Liter Öl /500 g Schweinefleisch (aus der Oberschale) / 3 EL brauner Zucker
5 EL Sojasauce / 3 EL Essig / 1 Eiweiß / 3 EL Tomatenketchup / 3 EL Speisestärke
2 EL trockener Sherry / 1 Zwiebel / 250 g stückige Ananas aus der Dose mit Saft
2 Knoblauchzehen / 2 Möhren (ca. 150 g) / 1 frischer Ingwer / 1 rote Paprikaschote

Zubereitung:

Das Fleisch wird in mundgerechte Stücke geschnitten. Die Schweinefleischstücke mit 2 EL Sojasoße, 1 TL Salz, dem Eiweiß und 3 EL Speisestärke vermischen. Das Ganze für 30 Minuten kaltstellen. Die Zwiebel wird geschält und in dünne Scheiben geschnitten. Der Knoblauch und der Ingwer werden geschält und fein gewürfelt. Die Paprikaschote wird in 2 cm große Stücke geschnitten. Die Möhren werden geschält und schräg in dünne Scheiben geschnitten. Die Ananasstücke werden abgegossen und der Saft wird dabei aufgefangen. Für die Soße werden 4 EL Wasser mit 1 TL Speisestärke verquirlt. Der Sherry wird mit der restlichen Sojasoße, dem Tomatenketchup, dem Zucker, dem Essig, 100 ml Ananassaft und dem Salz untergerührt. In einem Wok wird das Öl erhitzt und die Schweinefleischstücke werden portionsweise für 4-5 Minuten darin goldbraun gebraten. Mit einer Schaumkelle werden die Stücke aus dem Wok genommen und auf einem Küchenkrepp abgetropft. Die Stücke nun zudecken und warm stellen. Bis auf 3 EL wird das Fett aus dem Wok genommen und nochmals in dem Wok erhitzt. Darin werden der Knoblauch und der Ingwer für ca. 15 Sekunden angeröstet. Die Zwiebeln, die Möhren und die Paprika werden hinzugegeben und unter Rühren für ca. 3 Minuten angebraten. Die bereits hergestellte Soße wird gut durchgerührt und in den Wok gegeben. Unter Rühren wird das Ganze zum Kochen gebracht. Anschließend werden die Ananasstücke hinzugegeben und für 2 Minuten bei mittlerer Hitze mitgegart. Danach wird das Fleisch wieder hinzugegeben und für 1 Minute erhitzt.

Babi Pangang

Nährwerte: 2065 kcal, 90 g KH, 124 g EW, 60 g FE

Zutaten für 4 Portionen:

4 Scheiben Schweinenacken (ohne Knochen)

Für die Marinade:

Salz und Pfeffer / 1 mittelgroße Zwiebel / 1 TL Zitronensaft

1 EL Ingwerwurzel / 4 EL Ketjap Manis / 1 Knoblauchzehe / 3 EL Erdnussöl

Für die Sauce:

Koriandergrün / 4 EL Erdnussöl / 100 ml Wasser

3 EL Palmzucker / 2 EL Chilisauce / 1 kleine Zwiebel / 1 EL Tomatenmark

1 Knoblauchzehe / 1 EL Ketchup / 1 EL Weißweinessig

Zubereitung:

Für die Marinade werden die Zwiebel und die Ingwerwurzel fein gehackt. Der Knoblauch wird geschält und ebenfalls gehackt. Nun werden alle restlichen Zutaten für die Marinade miteinander vermischt. Die Schweinenacken werden in eine Schüssel gegeben und mit der Marinade übergossen. Das Ganze wird mit Alufolie abgedeckt und für 2-3 Stunden mariniert. Danach wird das Fleisch mit der Marinade in einen Topf gegeben und mit Wasser bedeckt. Das Fleisch muss für 1-1,5 Stunden bei schwacher Hitze köcheln. Die Flüssigkeit sollte fast vollständig verdampft sein. Danach kann das Fleisch zum Abkühlen zur Seite gestellt werden. Sobald das Fleisch abgekühlt ist, wird dieses in Streifen geschnitten und in einem heißen Wok mit Erdnussöl angebraten. Darüber wird der Palmzucker gestreut und dieser wird karamellisiert. Für die Sauce werden die Zwiebel und der Knoblauch gehackt. Diese werden zu dem Fleisch gegeben. Alles wird mit dem Essig abgelöscht. Danach wird das Tomatenmark, das Wasser, die Chilisauce sowie der Ketchup hinzugegeben und etwas eingekocht. Vor dem Servieren wird alles mit dem Koriander bestreut und mit Reis angerichtet.

Ananas - Schweinefleisch - Curry

Nährwerte: 1776 kcal, 82 g KH, 108 g EW, 107 g FE

Zutaten für 4 Portionen:

etwas Koriandergrün zum Garnieren / 400 g Schweinelenden

½ EL zerstoßener Palmzucker / ½ mittelgroße frische Ananas

3 EL Fischsauce / 1 kleine rote Paprikaschote / 2 EL Limettensaft

1 Dose Kokosmilch (400 ml) / 1 Knoblauchzehe

3 EL rote Currypaste / 3 Kaffir-Limettenblätter / 3 Chilischoten

Zubereitung:

Die Schweinelenden werden vorbereitet und in Streifen geschnitten. Die Paprika wird quer halbiert und in Streifen geschnitten. Das Fruchtfleisch der Ananas wird in Stücke geschnitten. Die Chilischote wird entkernt und in Streifen geschnitten. Von den Limettenblättern wird der Blattstiel herausgeschnitten und in feine Streifen geschnitten. Der Knoblauch wird geschält und fein gehackt. Nun wird ein Wok erhitzt. Von der Kokosmilch werden ca. 3-4 EL von der abgesetzten Kokossahne hineingegeben. Unter Rühren wird das Ganze für ca. 1 Minute zum Kochen gebracht. Danach wird die Currypaste hineingegeben und mithilfe eines Schneebesens verrührt. Alles nochmals aufkochen lassen. Nun werden der Knoblauch und die Kaffir-Limettenblätter hineingegeben und kurz mit angebraten. Jetzt wird die restliche Kokosmilch in den Wok geschüttet und noch einmal für ca. 15 Minuten köcheln lassen. Mit dem Limettensaft, dem Palmzucker und der Fischsauce wird alles abgeschmeckt. Das Fleisch wird hineingegeben und bei mittlerer Hitze für ca. 3 Minuten geköchelt. Danach folgen die Paprikastreifen. Die Ananasstücke werden nach ca. 2 Minuten mit in den Wok gegeben und mit erhitzt. Zum Schluss werden die Chilistreifen über das Gericht geben. Zum Servieren wird alles mit den Korianderblättern garniert angerichtet.

Rind

Shabu - Shabu - Salat

Nährwerte: 1514 kcal, 135 g KH, 97 g EW, 61 g FE

Zutaten für 4 Portionen:

Daikon- Kresse / 300 g Roastbeef / 4 Kirschtomaten / 100 g Glasnudeln
1 TL Sesamsaat / ¼ Eisbergsalat / 1 rote Zwiebel
30 g Feldsalat / 1 Staudensellerie / ½ Salatgurke

Für die Erdnuss - Sojasoße:

5 EL stilles Mineralwasser / 85 g Erdnusspaste (ungezuckert)
1 EL Sojasauce / 20 g Honig

Zubereitung:

Das Roastbeef wird in dünne Scheiben geschnitten und kurz blanchiert. Die Roastbeefscheiben werden danach sofort in Eiswasser abgekühlt und gut abgetrocknet. Die Glasnudeln werden in einer Schüssel mit heißem Wasser übergossen und quellen gelassen. Anschließend können die Glasnudeln abgetropft und in kleine Stücke geschnitten werden. Der Eisbergsalat wird gewaschen und trocken geschleudert. Danach werden die Blätter in mundgerechte Stücke gezupft. Der Feldsalat wird ebenfalls gewaschen und trocken geschleudert. Die Zwiebel, der Sellerie sowie die Gurke werden in dünne Scheiben geschnitten. Alle Zutaten für die Soße werden in einer Schüssel miteinander vermischt. Der Sesam wird in einer Pfanne ohne Fett angeröstet. Die Tomaten werden halbiert und der Stunk wird entfernt. In einer großen Schüssel wird der Salat mit dem Gemüse und den Glasnudeln vermischt. Danach werden die Roastbeefscheiben, die Tomaten und die Kresse sowie der geröstete Sesam darüber gegeben. Alles wird zusammen mit der Soße serviert.

Chop Suey

Nährwerte: 2594 kcal, 165 g KH, 141 g EW, 140 g FE

Zutaten für 4 Portionen:

etwas schwarzer Pfeffer /500 g Rinderfilets / etwas Salz / 50 g Glasnudeln
4 cl trockener Sherry / 6 getrocknete chinesische Pilze
1 EL Speisestärke / 1 frische Ingwerwurzel / 1 TL brauner Zucker / 2 Knoblauchzehen
3 EL dunkle Sojasauce / 3 EL Sojasauce / 75 ml Brühe / 2 EL Reiswein
125 g Champignons / 1 EL brauner Zucker / 9 EL Öl / 2 Zwiebeln
50 g Sojasprossen / 1 Karotte / 50 g Bambussprossen aus der Dose
2 Frühlingszwiebeln / 100 g Staudensellerie

Zubereitung:

Unter fließendem Wasser wird das Rindfleisch abgewaschen und trocken getupft. Gegen die Faserrichtung wird das Fleisch in dünne Streifen geschnitten. Die Glasnudeln sowie die Pilze werden getrennt voneinander für ca. 30 Minuten in kaltem Wasser eingeweicht. Die Glasnudeln werden anschließend mit einer Schere etwas zerkleinert. Die Pilze werden geviertelt. Der Ingwer und der Knoblauch werden geschält und fein gehackt. Der Sherry wird mit der Sojasoße, dem Ingwer, dem Knoblauch und dem Zucker in einer Schüssel verrührt. In diese Marinade wird das Rindfleisch gegeben und bei geschlossenem Deckel für 60 Minuten kaltgestellt. Das Fleisch sollte gelegentlich gewendet werden. In einem Wok wird das Öl erhitzt. Dort wird das Fleisch ohne Marinade für 2 Minuten unter Rühren angebraten. Danach wird die Marinade hinzugefügt. Das Fleisch wird nun wieder aus dem Wok genommen und warm gestellt. Die Zwiebeln werden geschält und in kleine Würfel geschnitten. Die Karotte wird ebenfalls geschält und in dünne Scheiben geschnitten. Die Frühlingszwiebel wird geputzt, gewaschen und in ca. 3 cm lange Stücke geschnitten. Der Staudensellerie wird ebenfalls geputzt, gewaschen und in Streifen geschnitten. Die Sojasprossen werden unter fließendem Wasser gewaschen, ausgelesen und abtropfen gelassen. Die Champignons werden geputzt und blättrig geschnitten. In einem Wok wird das Öl erhitzt. Die Zwiebeln, die Karotten, der Staudensellerie, die Frühlingszwiebeln die Champignons, die Bambus- und Sojasprossen sowie die Pilze werden hineingegeben. Das Ganze wird für 2 Minuten pfannengerührt. Danach wird das Fleisch hinzugegeben. Die Speisestärke wird in dem Sherry angerührt und zusammen mit der Sojasoße und dem Zucker zu dem Fleisch gegeben. Unter Rühren muss das Ganze aufkochen. Zum Schluss wird alles mit Salz und Pfeffer abgeschmeckt und kann anschließend in einer vorgewärmten Schüssel serviert werden.

Chinesisches Rindfleisch mit Zwiebeln und Paprika

Nährwerte: 881 kcal, 26 g KH, 61 g EW, 52 g FE

Zutaten für 4 Portionen:

Salz und Pfeffer / 250 g mageres Rindfleisch / 5 EL Fleischbrühe / 1 EL Cognac

1 TL Speisestärke / 3 EL salzige Sojasauce / 2 EL trockener Sherry

1 TL Backpulver / 4 EL neutrales Öl / 1/2 Eiweiß / 1 walnussgroßes Stück Ingwer

1 grüne Paprikaschote / 1 Knoblauchzehe / 1 Gemüsezwiebel

1 Frühlingszwiebel / 2 rote, milde und getrocknete Chilischoten

Zubereitung:

Das Fleisch wird fein geschnetzelt. Für die Marinade werden der Cognac mit dem Backpulver, mit 1 EL Sojasauce und dem halb geschlagenen Eiweiß vermischt. Darüber wird die Speisestärke gestäubt und das Fleisch wird hineingegeben. Das Ganze wird für einen halben Tag mariniert. Die Paprika, die Chili und die Frühlingszwiebel werden in feine Ringe geschnitten. Die Zwiebel wird geschält, geviertelt und anschließend werden die einzelnen Schichten abgetragen. Das Fleisch wird nun aus der Marinade genommen und leicht abgetupft. In einem Wok wird Öl erhitzt und das Fleisch wird darin unter ständigem Rühren angebraten. Danach kann das Fleisch aus dem Wok genommen werden. Die Zwiebeln werden in dem Bratfett unter Rühren braun angebraten. Das restliche Gemüse wird hinzugegeben und für 2-3 Minuten mit gebraten. Danach wird das Fleisch wieder hinzugegeben. In der Zeit wird die restliche Sojasauce mit der Stärke, dem Sherry, dem Pfeffer und der Brühe verrührt. Der Wokinhalt wird mit dieser Mischung abgelöscht. Alles muss nun aufkochen und so lange kochen, bis die Sauce bindet. Zum Schluss wird das Ganze abgeschmeckt und kann serviert werden.

Thai - Red - Curry

Nährwerte: 2447 kcal, 97 g KH, 97 g EW, 184 g FE

Zutaten für 4 Portionen:

2 EL Rapskernöl (alternativ Erdnussöl) / 300 g Rindfleisch (alternativ Fisch)

5 Blätter Thai – Basilikum / 1 EL rote Currypaste

2 Chilischoten / 1 kleines Glas Wasser / 2 rote oder grüne Peperoni

400 ml Kokosmilch / 1 EL Palmzucker (alternativ brauner Rohrzucker)

800 g Gemüse nach Wahl / 2 EL Fischsauce / 2 EL helle Sojasauce

Zubereitung:

Die Currypaste wird in dem heißen Öl sautiert. Danach wird diese mit etwas Wasser abgelöscht. Nach und nach wird die Kokosmilch hinzugegeben. Alles muss immer wieder gut verrührt werden. Das Fleisch wird in mundgerechte Stücke geschnitten. Das Fleisch zu der Currypaste geben und für 5 Minuten köcheln lassen. Das Gemüse wird im Streifen geschnitten und nach 5 Minuten hinzugegeben. Das Ganze muss nun kochen. Mit der Fischsauce, dem Palmzucker und der hellen Sojasauce wird alles abgeschmeckt. Nun werden die Thai - Basilikumblätter und die Peperoni hinzugegeben und für eine Minute mitgekocht. Zum Schluss werden die Chili - Röllchen eingestreut.

Nua Pad Kamin - Rindfleisch mit frischem Kurkuma

Nährwerte: 653 kcal, 39 g KH, 62 g EW, 25 g FE

Zutaten für 2 Portionen:

Nach Bedarf Koriandergrün / 1 EL Öl / Zucker / 250 g Rumpsteak
2 EL Austernsauce / 2 Knoblauchzehen / 2 EL Sojasauce / 2 Kurkumawurzeln
2 Frühlingszwiebeln / 4 Chilischoten
2 EL Tomatensoße (alternativ 1 frische Tomate gehackt)

Zubereitung:

Das Rumpsteak wird in feine Streifen geschnitten. Der Kurkuma wird geputzt und fein gehackt. Der Knoblauch, die Chilischoten, die Frühlingszwiebeln und das Koriandergrün werden gehackt. In einem Wok wird Öl erhitzt und der Knoblauch wird hinzugegeben. Den Knoblauch kurz anbraten lassen und das Fleisch hinzugeben. Das Fleisch wird ebenfalls unter Rühren angebraten. Danach werden der Kurkuma und die Tomaten hinzugegeben. Das Ganze wird mit der Austern- und Sojasoße gewürzt. Jetzt wird die Chilischote und 1 Prise Zucker hinzugegeben. Danach wird alles mit so viel Wasser abgelöscht, bis die gewünschte Soßenmenge vorhanden ist. Alles wird nochmals abgeschmeckt. Die Frühlingszwiebeln werden untergerührt und kurz ziehen gelassen. Das fertige Gericht wird auf zwei Tellern angerichtet und bei Bedarf mit dem gehackten Koriandergrün garniert.

Rindfleisch mit Frühlingszwiebeln und Austernpilzen

Nährwerte: 1279 kcal, 48 g KH, 131 g EW, 57 g FE

Zutaten für 4 Portionen:

500 g Rinderfilets

Für die Marinade:

4 EL Reiswein / 1 gehäufter TL Szechuanpfeffer / 1 TL Palmzucker
1 EL helle Sojasauce / 2 EL Fischsauce / 2 EL dunkle Sojasauce
5 EL Austernsauce / 1 EL Tapioka / 4 EL Sojaöl / 300 g Austernpilze
3 cm frischer Ingwer / 1 Bund Frühlingszwiebeln / 4 Knoblauchzehen
5 Shiitake – Pilze / 1 rote Chilischote

Zubereitung:

Das Fleisch wird in dünne Streifen geschnitten. Der Pfeffer wird gemörsert und mit der dunklen Sojasauce, dem Fleisch und dem Tapiokamehl gemischt. Das Ganze muss zugedeckt für 1 Stunde mariniert werden. Die Tongku - Pilze werden in heißem Wasser eingeweicht. Die Austernpilze werden mit einem Küchenpapier geputzt und in grobe Stücke geschnitten. Die Frühlingszwiebeln werden quer in ca. 3 cm große Stücke geschnitten. Die Peperoni wird entkernt und in feine Scheiben geschnitten. Der Knoblauch und der Ingwer werden fein gehackt. Die eingeweichten Tongku - Pilze werden leicht ausgedrückt und in Scheiben geschnitten. In einem Wok wird Öl erhitzt. Das marinierte Fleisch wird portionsweise darin bei starker Hitze und unter Rühren scharf angebraten. Danach werden der Knoblauch und der Ingwer hinzugegeben und ebenfalls kurz angebraten. Die Hitze wird nun reduziert und die Austern- sowie die Tongku - Pilze werden hinzugegeben. Danach folgen die Frühlingszwiebeln und die Chilis. Mit der Austern- und Fischsauce wird alles abgelöscht. Jetzt wird der Zucker hinzugegeben und alles wird für ca. 3 Minuten gegart. Zum Schluss wird der Reiswein untergerührt

Rindfleisch mit grünen Bohnen (scharf)

Nährwerte: 1296 kcal, 73 g KH, 98 g EW, 65 g FE

Zutaten für 4 Portionen:

5 EL Öl / 400 g zartes Rindfleisch / 3 EL Zucker / 3 EL Sojasauce
2 Stängel Zitronengras / 1/2 TL schwarzer Pfeffer / 2 EL Fischsauce / 400 g grüne Bohnen
2 EL rote Currypaste

Zubereitung:

Das Rindfleisch wird gewaschen, trocken getupft und anschließend in Streifen geschnitten. Die Fleischstreifen werden mit dem Pfeffer und 3 EL Sojasauce vermischt und abgedeckt für ca. 1 Stunde in den Kühlschrank mariniert. In der Zeit werden die Bohnen geputzt und in 4 cm lange Stücke geschnitten. In einem Topf wird viel Wasser zum Kochen gebracht. Die Bohnen werden darin für ca. 8 Minuten blanchiert. Die Bohnen werden anschließend abgegossen und kalt abgeschreckt. Das Zitronengras wird fein gehackt und mit 3 EL Sojasoße, der Fischsauce, der Currypaste und dem Zucker verrührt. In einem Wok wird Öl erhitzt. Das Rindfleisch wird darin scharf angebraten. Danach wird die Hitze reduziert und die Bohnen werden hinzugegeben. Alles mit der Soße ablöschen.

Gebratene Udon - Nudeln mit Rindfleisch

Nährwerte: 905 kcal, 177 g KH, 32 g EW, 7 g FE

Zutaten für 1 Portion:

etwas Salz und Pfeffer / 200 g Udon – Nudeln / 1 EL Austernsauce / 130 g Rindfleisch
1 Schalotte / 1 Handvoll Sojasprossen / 2 Scheiben Ingwerwurzel
1 Handvoll Chinakohl / 1 Knoblauchzehe / 5 g getrocknete Mu - Err – Pilze

Zubereitung:

Das Rindfleisch wird in dünne Scheiben geschnitten. Die Mu - Err - Pilze werden mit kochendem Wasser übergossen. Nachdem die Pilze eingeweicht sind, werden diese in Streifen geschnitten. Die Udon - Nudeln werden mit kochendem Wasser übergossen und für 2-3 Minuten ziehen gelassen. Der Knoblauch wird gehackt. Die Schalotte wird klein geschnitten und die Ingwerwurzel wird ebenfalls gehackt. Der Chinakohl wird in Streifen geschnitten. In einem Wok wird etwas Öl erhitzt. Der Knoblauch und die Ingwerwurzel werden zusammen mit der Schalotte kurz angebraten. Danach wird das Rindfleisch hinzugegeben. Das Rindfleisch wird nur kurz angebraten, bevor die Mu - Err - Pilze hinzugefügt werden. Das Ganze wird mit etwas Salz gewürzt. Direkt danach werden die Nudeln hinzugegeben und kurz mit angebraten. Nun kommt der Chinakohl, die Sojasprossen, die Sojasauce und die Austernsauce sowie 2-3 EL Wasser hinzu. Zum Schluss wird alles nochmals mit Salz und Pfeffer abgeschmeckt und kurz weiter gebraten.

Buntes Gemüse mit Rindfleisch „China - Style"

Nährwerte: 2058 kcal, 95 g KH, 139 g EW, 117 g FE

Zutaten für 4 Portionen:

80 g Cashewnüsse / 400 g Rindfleisch / ½ TL Kardamom / 300 g frische Sojasprossen
1 gestrichener TL Senfkörner / 200 g kleine frische Champignons
1 gestrichener TL Kreuzkümmel / 1 rote große Paprikaschote / 1 gestrichener TL Pfeffer
Frühlingszwiebeln / ½ rote getrocknete Chilischote
1 rote Zwiebel / 8 EL Hoisinsauce / 2 mittelgroße Möhren
6 EL Sesamöl / 2 Knoblauchzehen / 1 EL Ingwer

Zubereitung:

Das Fleisch wird in dünne Streifen geschnitten. Das Gemüse wird gewaschen, geputzt, gegebenenfalls geschält und in Streifen oder Ringe geschnitten. Der Knoblauch und der Ingwer werden geschält und fein gehackt. In einem Wok werden 2 EL Öl erhitzt. Darin werden die Zwiebeln und das Fleisch für maximal 2 Minuten angebraten. Danach wird beides aus dem Wok genommen. Das restliche Öl wird in demselben Wok erhitzt. Die Champignonviertel und die Möhrenstreifen werden darin angebraten. Nun werden der Knoblauch, der Ingwer und die Paprika hinzugegeben. Nach 1-2 Minuten werden die Sojasprossen, die Frühlingszwiebeln und die Gewürze (gemörsert) sowie das Chili hinzugegeben. Zum Schluss wird die Hoisinsauce eingerührt und für 2 Minuten ziehen gelassen. Das Ganze noch einmal abschmecken. Zum Servieren wird die Soße mit einigen Cashewnüssen garniert.

Rotes Thaicurry mit Thai - Auberginen und Rind

Nährwerte: 3176 kcal, 96 g KH, 192 g EW, 214 g FE

Zutaten für 4 Portionen:

2 Handvoll Thai – Basilikum / Öl zum Braten / 6 rote Chilischoten / 4 EL Rote Currypaste
1 EL brauner Zucker / 750 g Rindfleisch / 2 EL Limettensaft / 750 ml Kokosmilch
2 EL Fischsauce / 6 Kaffir – Limettenblätter / 4 grüne Auberginen
100 g Thai – Erbsenauberginen

Zubereitung:

Das Rindfleisch wird in feine Streifen geschnitten. Die Auberginen werden gut gewaschen und von dem Stiel befreit. Danach werden die Auberginen golfballgroß geviertelt. Die Auberginenstücke in Salzwasser legen. Der Basilikum wird von den Stängeln gezupft, gewaschen und zur Seite gestellt. In einem Wok wird Öl erhitzt. Das Rindfleisch wird darin portionsweise angebraten und anschließend zur Seite gestellt. Bei mittlerer Hitze wird die Currypaste für ca. 1 Minute angebraten. Die Currypaste mit 500 ml Kokosmilch ablöschen und die Limettenblätter hinzugeben. Alles muss für 10 Minuten köcheln. Nun wird das Fleisch zurück in den Wok gegeben. Die restliche Kokosmilch wird hinzugegeben und alles wird für 10 Minuten geköchelt. Jetzt werden die roten Chilischoten und die Auberginen hinzugegeben. Mit dem Limettensaft, dem Zucker und der Fischsauce wird alles abgeschmeckt. Für weitere 5 Minuten werden die Auberginen weich geköchelt. Zum Schluss wird der Thai - Basilikum hinzugegeben und zusammenfallen gelassen. Das Gericht kann danach sofort serviert werden.

Thailändische Wokpfanne mit Kokosmilch

Nährwerte: 2048 kcal, 51 g KH, 109 g EW, 151 g FE

Zutaten für 4 Portionen:

1 Dose Kokosmilch / 400 g Rindfleisch / 1 Dose Pilze / 2 EL Sojasauce
1 Bund Bohnen / 4 EL Öl / 2 kleine Karotten / 1 TL Sambal Oelek
1/2 Bund Basilikum / 2 EL Currypaste

Zubereitung:

Das Fleisch wird in mundgerechte Stücke geschnitten. Aus 2 EL Sesamöl, der Sojasauce und dem Sambal Oelek wird eine Marinade hergestellt. Das Fleisch wird darin mariniert und zur Seite gestellt. In der Zeit wird das Gemüse geputzt und klein geschnitten. Die Pilze werden unter fließendem Wasser abgespült und abtropfen gelassen. Von dem Basilikum werden die Blätter abgezupft, abgespült und vorsichtig trocken geschüttelt. In einem Wok werden 2 EL Öl erhitzt. In das heiße Öl werden die Basilikumblätter gegeben und kurz frittiert. Danach werden die Blätter mit einer Schöpfkelle herausgeholt und auf einem Küchenkrepp abgetropft. Das Fleisch inklusive der Marinade wird zu dem Öl in den Wok gegeben und von allen Seiten angebraten. Danach wird das Gemüse hinzugefügt und knackig angebraten. Nun wird die Currypaste untergerührt. Das Ganze wird mit der Kokosmilch abgelöscht. Zum Schluss muss alles für ca. 10-15 Minuten auf niedriger Stufe köcheln.

Bratnudeln mit Rindfleisch

Nährwerte: 1157 kcal, 117 g KH, 93 g EW, 28 g FE

Zutaten für 3 Portionen:

evtl. Koriandergrün zum Garnieren / 150 g chinesische Eiernudeln
5 EL Sojasoße / Salz und schwarzer Pfeffer
1 EL Öl / 1 mittelgroße Zwiebel / 300 g Rindfleisch
2 Knoblauchzehen / 500 g Chinakohl / 1 walnussgroßes Stück Ingwer
2 kleine Paprikaschoten

Zubereitung:

In reichlich kochendem Salzwasser werden die Nudeln für 4-5 Minuten gegart. Die Nudeln werden anschließend abgegossen, abgeschreckt und gut abgetropft. Die Zwiebeln, der Ingwer und der Knoblauch werden geschält und fein gewürfelt. Die Paprika und der Chinakohl werden geputzt und gewaschen. Das Fleisch wird trocken getupft. Das Gemüse und das Fleisch werden in Streifen geschnitten. In einem Wok wird das Öl erhitzt. Das Fleisch wird portionsweise darin kräftig angebraten. Mit Salz und Pfeffer wird das Fleisch gewürzt und aus dem Wok genommen. In dem heißen Fett werden die Zwiebeln, die Paprika und der Knoblauch unter Rühren angebraten. Die Nudeln, der Ingwer und der Chinakohl werden dazugegeben. Alles für 2-3 Minuten braten lassen. Nun wird das gesamte Fleisch und 5-7 EL Sojasoße untergerührt. Mit dem Pfeffer und etwas Sojasoße wird das Ganze abgeschmeckt. Zum Servieren wird das Gericht mit dem Koriandergrün garniert.

te

Fisch

Sushi - Bowl

Nährwerte: 1420 kcal, 118 g KH, 84 g EW, 70 g FE

Zutaten für 2 Portionen:

Für den Reis:

½ TL Salz / 1 Tasse Sushi – Reis / 1 TL Zucker / 2 Tassen Wasser / 2 EL Reisessig

Für das Topping:

20 g japanischer Algensalat / ½ Nori – Algenblatt / 1 chinesischer Rettich / 2 Lachsfilets
2 TL schwarzer Sesam / 1/2 Gurke / 2 TL weißer Sesam
120 g Ananas aus der Dose / 1 rote Paprika

Für das Dressing:

2 EL Wasser / 3 EL Sojasauce / 2 Msp. Wasabi – Paste / 3 EL Sesam – Öl

Zubereitung:

Der Reis wird nach Packungsanweisung bissfest gekocht. Bevor der Reis auskühlt, wird dieser mit dem Reisessig, dem Zucker und dem Salz vermischt. Die Gurke wird gewaschen und in feine Scheiben geschnitten. Der Rettich wird geschält und in der Länge halbiert. Danach wird der Rettich ebenfalls in dünne Scheiben geschnitten. Die Paprika wird gewaschen, halbiert und entkernt. Das Fruchtfleisch wird in feine Spalten geschnitten. Das Nori - Blatt wird mit einer Schere in dünne Stücke geschnitten. Die Avocado wird geschält, entkernt und in schmale Streifen geschnitten. Die Ananas wird abtropfen gelassen und in mundgerechte Stücke geschnitten. Die Lachsfilets werden gut gewaschen und in kleine Würfel geschnitten. Die Wasabi - Paste, die Sojasoße, der Reisessig, das Wasser und das Sesam - Öl wird gut miteinander vermischt. Danach wird das Dressing zur Seite gestellt. Der fertige abgekühlte Reis wird auf zwei Schüsseln verteilt. Der Reis wird nun mit den vorbereiteten Zutaten, dem Algensalat, dem Ingwer und dem Sesam getoppt. Danach wird das Dressing darüber gegeben.

Wokgemüse mit Erdnusssoße und Scampi

Nährwerte: 2130 kcal, 48 g KH, 112 g EW, 168 g FE

Zutaten für 4 Portionen:

etwas Öl / 250 g Basmatireis / etwas Speisestärke / 1 Pck. tiefgefrorene Scampi

2 EL crunchy Erdnussbutter / 3 Knoblauchzehen / 1 EL Thai – Currypulver

1 große Zwiebel / etwas Chilipulver / 2 rote Paprikaschoten / 1 gehäufter TL Kurkuma

2 gelbe Paprikaschoten / 3 EL helle Sojasauce / 2 Möhren / 200 ml Geflügelbrühe

3 Handvoll grüne Bohnen (tiefgefroren) / 1 EL Fischsauce / 1/2 Kopf Brokkoli

200 ml Kokosmilch

Zubereitung:

Der Reis wird in Salzwasser für ca. 7-8 Minuten gekocht. Danach wird der Reis abgegossen, kalt abgespült und warmgehalten. Die aufgetauten Scampi werden entdarmt und gründlich abgespült. Aus dem Brokkoli werden Rösschen geschnitten. Die Brokkoliröschen werden zusammen mit den Bohnen für 5 Minuten in Salzwasser gekocht. Danach werden auch diese kalt abgespült und zur Seite gestellt. In einem Wok wird Öl erhitzt. Die Möhren werden geschält und in Scheiben geschnitten. Die Zwiebel wird geachtelt und der Knoblauch wird gehackt. Die Möhrenscheiben, die Zwiebeln und die Hälfte des Knoblauchs werden in den Wok gegeben und angebraten. In der Zeit werden die Paprikaschoten in Stücke geschnitten und nach 2 Minuten ebenfalls in den Wok gegeben. Mit der Soja- und Fischsauce wird das Ganze abgelöscht. Parallel wird in einer extra Pfanne etwas Öl erhitzt und die Scampi werden darin mit dem restlichen Knoblauch kurz angebraten. Die Erdnussbutter, die Kokosmilch und die Brühe werden in den Wok gegeben und alles wird mit den Gewürzen abgeschmeckt. Die Scampi werden aus der Pfanne inklusive dem Öl ebenfalls in den Wok gegeben. Das Ganze wird aufgekocht und mit etwas Speisestärke angedickt. Zum Schluss werden die Bohnen und die Brokkolirösschen vorsichtig untergehoben und mit erwärmt. Mit dem Reis wird die fertige Soße serviert.

Thailändisches Garnelencurry

Nährwerte: 1216 kcal, 92 g KH, 66 g EW, 54 g FE

Zutaten für 4 Portionen:

1 EL Sojasauce / 2 Schalotten / 1 EL Limettensaft / 2 Knoblauchzehen
1 TL geriebene Limettenschale / 1 rote Paprikaschote / 1 TL frisch geriebener Ingwer
100 g Zuckerschoten / 2 TL Currypulver / 2 Frühlingszwiebeln
200 ml Gemüsebrühe / 3 Koriandergrünzweige / 200 ml ungesüßte Kokosmilch
1 grüne Chilischote / 2 EL Öl / 2 Stangen Zitronengras
Salz / 400 g Fisch / 300 g ungeschälte, rohe Garnelen

Zubereitung:

Die Knoblauchzehen und die Schalotten werden geschält und fein gehackt. Die Paprika, die Zuckerschoten und die Frühlingszwiebeln werden gewaschen und geputzt. Die Paprikaschote wird in Streifen und die Frühlingszwiebeln werden in Ringe geschnitten. Die Chilischote wird in der Länge halbiert und geputzt. Danach wird die Chilischote gehackt. Das Zitronengras wird halbiert. Der Fisch wird kalt abgespült, trocken getupft und in Stücke geschnitten. Die Garnelen werden geschält und der Darm wird entfernt. Danach werden die Garnelen ebenfalls kalt abgespült und trocken getupft. In einem Wok wird das Öl erhitzt, die Schalotten werden dort unter Rühren angebraten. Danach werden die Paprikastreifen und der Knoblauch hinzugegeben. Mit Salz wird das Ganze gewürzt und für 2 Minuten unter Rühren angebraten. Nun werden die Zuckerschoten hinzugefügt. Für 2 Minuten wird alles pfannengerührt. Jetzt wird das Gemüse aus dem Wok genommen. Mit der Kokosmilch und der Brühe wird alles abgelöscht und aufgekocht. Mit dem Curry, dem Ingwer, dem Zitronengras und dem Chili sowie der Limettenschale wird alles abgeschmeckt. Bei mittlerer Hitze wird alles für 7 Minuten gekocht. Danach wird die Hitze reduziert und der Fisch wird bei geschlossenem Deckel für 2 Minuten gedünstet. Die Garnelen werden nach diesen 2 Minuten hinzugefügt. Bei geschlossenem Deckel wird alles für weitere 3 Minuten gedünstet. Zum Schluss wird das Gemüse wieder untergemischt und mit Sojasoße, Salz und Limettensaft gewürzt. Zum Servieren wird das Gericht mit dem Koriander und den Frühlingszwiebeln bestreut.

Exotische Reispfanne mit Ananas, Mangochutney und Shrimps

Nährwerte: 961 kcal, 42 g KH, 50 g EW, 60 g FE

Zutaten für 4 Portionen:

4 Tassen Wasser (alternativ Gemüsebrühe) / 2 Tassen Reis / 3 EL Öl

250 g geputzte Shrimps / 1 Zwiebel / 1 kleine Dose Mais

1/2 TL getrocknete und frisch geriebene Chilischoten

1 kleine Dose Ananas / 1 TL Currypulver / 1 rote Paprikaschote

1 Prise Pfeffer / 1 Glas Mangochutney / 1 Prise Salz

Zubereitung:

Die Shrimps werden in warmem Wasser aufgetaut. Der Reis wird in der doppelten Menge Wasser gegart. In der Zeit werden die Zwiebeln geschnitten. Die Paprika wird entkernt und in Streifen geschnitten. In einem Wok mit Öl werden die Zwiebeln, die Paprika und der Chili angedünstet. Die Shrimps werden abgetropft und mit in den Wok gegeben, kurz angedünstet. Der abgetropfte Mais, die Ananas und das Mangochutney werden hinzugegeben. Der Reis wird etwas aufgelockert und ebenfalls mit in den Wok gegeben. Alles gut miteinander verrühren. Mit den Gewürzen wird das Ganze abgeschmeckt.

Spargel mit Scampi auf asiatische Art

Nährwerte: 862 kcal, 41 g KH, 40 g EW, 55 g FE

Zutaten für 4 Portionen:

1 EL trockener Sherry / 12 geschälte Scampi / 4 EL Öl

Salz und frisch gemahlener Pfeffer / 1 Knoblauchzehe

der Saft und die Schale einer unbehandelten Zitrone

20 g Ingwer / 500 g weißer Spargel / 3 Frühlingszwiebeln / 2 kleine Möhren

2 TL braunen Zucker / 1 TL Sesamöl / 3 EL Sojasoße

Zubereitung:

Der Spargel wird geschält und schräg in 5 cm lange Stücke geschnitten. Die Möhren werden ebenfalls geschält und schräg in dünne Scheiben geschnitten. Die Frühlingszwiebeln werden schräg in 4 cm große Stücke geschnitten. Der Ingwer und der Knoblauch werden fein gewürfelt. Die Scampi werden in Salz, Pfeffer und 2 EL Zitronensaft für 30 Minuten mariniert. In einem Wok werden 2 EL Öl und Sesamöl erhitzt. Die abgetropften Scampi werden für 1-2 Minuten kräftig darin angebraten. Anschließend werden die Scampi herausgenommen und warm gestellt. Das restliche Öl wird in den Wok gegeben. Die Möhren und der Spargel werden für 4 Minuten pfannengerührt. Danach werden der Ingwer, die Frühlingszwiebeln und der Knoblauch hinzugegeben, alles für 3 Minuten andünsten lassen. Das Ganze wird mit dem Zucker bestreut. Je nach Geschmack werden nun 1-2 EL Zitronensaft, der Sherry und die Sojasoße hineingegossen. Alles wird kurz geköchelt und mit Salz, Pfeffer und der Zitronenschale gewürzt. Zum Schluss werden die Scampi hinzugefügt und das fertige Gericht kann serviert werden.

Südthailändisches Curry mit Ananas und Garnelen

Nährwerte: 2014 kcal, 95 g KH, 85 g EW, 140 g FE

Zutaten für 2 Portionen:

1 rote Chilischote /300 g Garnelen /1 Handvoll Basilikum / 2 EL rote Currypaste
60 ml Limettensaft / 60 ml Fischsauce / 2 EL Palmzucker / 500 ml Kokosmilch
200 g frische Ananas

Zubereitung:

Die Garnelen werden geschält, entdarmt und gewaschen. Die Ananas wird in einem Mixer püriert. In einem Topf wird die Kokosmilch, die rote Currypaste, die Fischsauce und die Ananas unter ständigem Rühren aufgekocht. Die Garnelen und der Limettensaft werden hinzugegeben. Alles für 3-5 Minuten köcheln lassen. Danach werden die Basilikumblätter und der Palmzucker hinzugegeben. Nach ca. 2 Minuten wird die Fischsauce hinzugegeben und alles wird abgeschmeckt. Die Chilischote wird entkernt und in feine Streifen geschnitten. Mit den Basilikumblättern und den Chilistreifen wird das Gericht garniert.

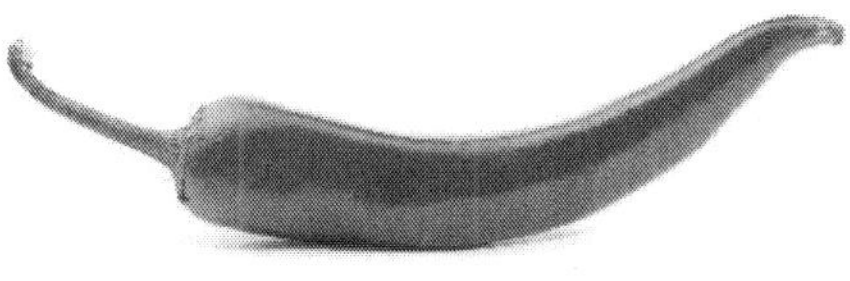

Shrimps mit Kohl

Nährwerte: 1238 kcal, 39 g KH, 134 g EW, 57 g FE

Zutaten für 4 Portionen:

1 Pfund Kohl / 1 Eiklar / 1 Knoblauchzehe / 1 EL Sojasauce / 1 EL Ingwerpulver
1 EL Maisstärke / 4 Frühlingszwiebeln / 2 TL Maisstärke / 2 EL Pflanzenöl
600 g Schrimps / 120 ml Hühnerbrühe / 2 TL Hoisinsauce / 1 TL Sherryessig
Als Beilage: weißer Reis

Zubereitung:

Das Eiklar wird in einer Schüssel mit 1 EL Maisstärke und 1 TL Sojasoße verrührt. Die Shrimps werden geschält und entdarmt. Danach werden die Shrimps zu der Eiklar - Mischung gegeben und damit paniert. Das Ganze muss nun für 10 Minuten ruhen. In einer weiteren Schüssel wird der Essig mit 1 EL Sojasoße, der Hoisinsauce und 2 TL Maisstärke verrührt. Danach wird die Brühe hinzugegeben und alles wird durchgerührt. Die Shrimps werden abgetropft. In einem Wok wird Öl erhitzt. Die Frühlingszwiebeln werden fein geschnitten. Dabei werden die weißen und die grünen Teile voneinander getrennt geschnitten. Der weiße Teil der Frühlingszwiebel wird zusammen mit dem Knoblauch und dem Ingwer für 30 Sekunden in dem Wok scharf angebraten. Danach werden die Shrimps hinzugegeben und ebenfalls für 3 Minuten angebraten. Danach kann das Gericht serviert werden.

Lachs auf asiatische Art

Nährwerte: 2231 kcal, 38 g KH, 153 g EW, 158 g FE

Zutaten für 4 Portionen:

helle Sojasauce / 600 g Lachsfilets / 200 ml ungesüßte Kokosmilch / 2 TL Zitronensaft
100 ml Gemüsebrühe / Salz und schwarzer Pfeffer aus der Mühle
500 g Chinakohl / 3 EL Rapsöl / 1 rote Chilischote / 4 cm frischer Ingwer
1 Knoblauchzehe / 1 mittelgroße Zwiebel

Zubereitung:

Die Lachsfilets werden in mundgerechte Stücke geschnitten. Der Ingwer, die Zwiebel und der Knoblauch werden geschält und anschließend fein gewürfelt. Die Chilischote wird entkernt und fein gehackt. Der Chinakohl wird in Streifen geschnitten. Der Lachs wird mit etwas Zitronensaft beträufelt und mit Salz sowie Pfeffer gewürzt. 1,5 EL Öl werden in einem Wok erhitzt. Der Lachs wird dort für 1 Minute angebraten und anschließend mit einem Schaumlöffel aus dem Wok genommen. In denselben Wok wird das restliche Öl gegeben und erhitzt. Der Ingwer, der Chinakohl, die Zwiebel und der Chili werden unter ständigem Rühren für 2-3 Minuten angebraten. Mit der Gemüsebrühe und der Kokosmilch wird abgelöscht. Das Ganze muss nun aufkochen und anschließend für 1 Minute geköchelt. Danach werden Lachsstücke werden auf das Gemüse gelegt und bei geschlossenem Deckel erhitzt. Zum Schluss wird alles mit Salz, Pfeffer und der Sojasoße gewürzt.

B.

Vegetarisch

Kohl aus dem Wok

Nährwerte: 292 kcal, 22 g KH, 11 g EW, 14 g FE

Zutaten für 4 Portionen:

1 TL Gewürzmischung / 2 TL Rapsöl / 2 TL Sesamöl / 1 Zwiebel / 1 EL Reiswein
1 Knoblauchzehe / 2 EL Sojasauce / 1 TL zermahlener Ingwer / 1 Kopf Chinakohl

Zubereitung:

Das Rapsöl wird in einem Wok bei mittlerer Hitze erhitzt. Die Zwiebel wird geschält und in dünne Scheiben geschnitten. Der Knoblauch wird ebenfalls geschält und klein gehackt. Der Ingwer, die Zwiebeln und der Knoblauch werden in den Wok gegeben und für 1 Minute sautiert. Der Kohl wird geschnitten und ebenfalls in den Wok gegeben. Den Kohl für ca. 2 Minuten anbraten, bis dieser welk wird. Danach werden die Sojasauce und der Reiswein hinzugefügt und alles wird gut miteinander verrührt. Das Ganze für 3 Minuten köcheln lassen und vor dem Servieren mit dem Sesamöl beträufeln.

Spaghetti in Curry - Sahnesauce

Nährwerte: 1373 kcal, 206 g KH, 39 g EW, 39 g FE

Zutaten für 2 Personen:

frische Petersilie oder Koriander / 250 g Spaghetti / Salz und Pfeffer / 2 Möhren
etwas Butter / 1 EL Currypulver / 1,5 Zwiebeln / 100 ml Sahne

Zubereitung:

Die Spaghetti werden nach Packungsanweisung für ca. 10-12 Minuten gekocht. In der Zeit werden die Zwiebeln und der Knoblauch fein gehackt. Die Möhren werden geschält und in der Länge halbiert. Danach werden die Möhren in ca. 3 mm dicke Scheiben geschnitten. In einem Wok wird die Butter zum Schmelzen gebracht. Die Zwiebeln und der Knoblauch werden im Wok glasig angebraten. Nun werden die Möhren hinzugegeben und für ca. 3 Minuten angebraten. Jetzt wird das Currypulver hinzugegeben und für 1 Minute angeröstet. Danach wird die Sahne hinzugegeben und zum Aufkochen gebracht. Das Ganze muss nun für 2-3 Minuten köcheln. Die Sauce wird mit Salz und Pfeffer abgeschmeckt. Zum Schluss wird die Petersilie oder der Koriander untergerührt.

Veganes Süßkartoffeln Curry

Nährwerte: 2521 kcal, 216 g KH, 45 g EW, 153 g FE

Zutaten für 4 Portionen:

Salz und Pfeffer / 300 g Süßkartoffeln / Kokosöl (alternativ Olivenöl)
200 g Hokkaidokürbis / 1 Handvoll Cashewkerne / 500 ml Kokosmilch / 1 Limette
2 rote Zwiebeln / 1 Handvoll frische Minze / 2 große rote Paprika
1 Handvoll frischer Basilikum / 80 g Cherrytomaten /1 TL Currypulver
80 g Zuckerschoten / 1 gehäufter EL rote Currypaste / 1 gehäufter EL frischer Ingwer
1 gehäufter EL Tomatenmark / 2 Knoblauchzehen

Zubereitung:

Die Zwiebeln werden gewürfelt. Der Knoblauch und der Ingwer werden fein gehackt. Der Kürbis und die Paprika werden gewaschen und in Würfel geschnitten. Die Süßkartoffeln werden geschält und ebenfalls in Würfel geschnitten. In einer Pfanne werden 1-2 EL Öl erhitzt. Die Zwiebeln, der Knoblauch und der Ingwer werden darin für 2-3 Minuten angeschwitzt. Danach werden die Paprika, die Süßkartoffeln, der Kürbis, das Tomatenmark, die Currypaste und das Currypulver in die Pfanne gegeben. Das Ganze wird für 5 Minuten angebraten. Danach wird alles mit der Kokosmilch abgelöscht. Auf kleiner Stufe muss alles für 15 Minuten unter gelegentlichem Rühren köcheln. Währenddessen wird das Curry mit Salz und Pfeffer abgeschmeckt. Während das Curry köchelt, wird der Basilikum und die Minze gehackt. Die Cherrytomaten werden halbiert. Mit der Zuckerschote und den Cashewkernen wird die Minze sowie der Basilikum zu dem Curry gegeben und gut verrührt. Nun muss das Curry für weitere 2 Minuten ziehen. Zum Schluss wird das Curry mit etwas Limettensaft abgeschmeckt. Zum Servieren wird das Curry in hohen Tellern angerichtet.

Süße Auberginen mit Knoblauch

Nährwerte: 888 kcal, 46 g KH, 9 g EW, 71 g FE

Zutaten für 4 Portionen:

1 EL trockener Sherry / 3 Auberginen / 6 TL Essig / 7 EL Öl

6 TL Sojasauce / 1,5 TL Knoblauch / 6 TL feiner Zucker

Zubereitung:

Die Auberginen werden in der Länge halbiert. Die Hälften werden je in 3 cm Breite und anschließend in 3 cm lange Stücke geschnitten. In einem Wok werden 3 EL Öl erhitzt. Der Wok wird langsam geschwenkt, damit sich das Öl gleichmäßig verteilen kann. Die Hälfte der Auberginenwürfel wird in dem Wok gegeben und für 5 Minuten unter Rühren bei starker Hitze angebraten Die fertigen Auberginen werden auf einen Teller gegeben. Die andere Hälfte der geschnittenen Auberginen wird in 3 EL Öl pfannengerührt. Das restliche Öl wird in dem Wok erhitzt und der gehackte Knoblauch wird darin angebraten. Danach werden die Sojasauce, der Essig, der Zucker und der Sherry hinzugegeben und unter Rühren wird das Ganze aufgekocht. Die angebratenen Auberginen werden zurück in den Wok gegeben und für 3 Minuten wird alles köcheln gelassen. Die Sauce sollte von den Auberginen aufgenommen werden.

Tortelloni in Käsesahnesoße

Nährwerte: 2470 kcal, 369 g KH, 77 g EW, 70 g FE

Zutaten für 3 Portionen:

etwas Muskat / 500 g Tortelloni mit Ricotta - Spinat – Füllung / Salz / 300 ml Gemüsebrühe

3 TL Olivenöl / 1 mittelgroße Möhre / 3 TL Mehl / 100 g Brokkoli / 60 ml Milch

120 g Sahne (alternativ fettarmer Sahneersatz) / 75 g fettarmer Schmelzkäse

Zubereitung:

Die Tortelloni werden in Salzwasser gar gekocht und anschließen zur Seite gestellt. Die Möhren werden geschält und in Scheiben geschnitten. Der Brokkoli wird gewaschen und in kleine Röschen geteilt. In einem Wok wird das Olivenöl erhitzt und darin wird das Mehl angeschwitzt. Das Mehl nun mit der Milch, der Sahne und der Gemüsebrühe ablöschen. Der Schmelzkäse wird in die Soße gegeben und dort zum Schmelzen gebracht. Danach muss die

Soße kurz aufkochen. Jetzt wird das Gemüse hinzugegeben und alles für 10 Minuten köcheln lassen. Mit Salz und Muskat wird die fertige Soße abgeschmeckt. Zum Schluss werden die Tortelloni hinzugegeben und das Ganze wird gut miteinander verrührt.

Würziger Pak Choi mit Paprika und Mie - Nudeln

Nährwerte: 1383 kcal, 207 g KH, 29 g EW, 45 g FE

Zutaten für 2 Portionen:

etwas Limettensaft / 200 g Mie – Nudeln / 150 ml Kokosmilch / 400 g Pak Choi
etwas brauner Zucker / 1 rote Paprikaschote / etwas Sojasauce
4 Lauchzwiebeln / 1/2 TL Kurkuma / Kokosöl / 1 EL gelbe Currypaste / etwas Ingwer
Chilischoten nach Bedarf

Zubereitung:

Die Mie - Nudeln werden nach Packungsanweisung knapp gegart und anschließend gut abgetropft. Der Pak Choi wird geputzt und der Stunk wird entfernt. Die einzelnen Blätter werden gelöst und gewaschen. Der weiße Stiel wird in dünne Streifen und das Grün in breitere Streifen geschnitten. Die Paprikaschote wird gewaschen, halbiert und der Stängelansatz sowie die Kerne und die weißen Zwischenwände werden entfernt. Das Fruchtfleisch der Paprikahälften wird in Würfel geschnitten. Die Lauchzwiebeln werden geputzt, gewaschen und in Ringe geschnitten. Die Knoblauchzehen werden geschält und fein gewürfelt. In einer Pfanne wird das Kokosöl erhitzt. Die Pak Choi - Stiele sowie die Paprikawürfel werden darin angebraten. Die Lauchzwiebeln, der Knoblauch, der geschälte und geriebene Ingwer sowie das Chili und die Gewürze werden hinzugegeben kurz mit angedünstet. Das Ganze wird mit der Kokosmilch abgelöscht. Nun muss alles für 3-5 Minuten köcheln. Danach wird das Grün von dem Pak Choi dazugegeben und untergemischt. Alles kurz ziehen lassen. In einer weiteren Pfanne werden die Mie - Nudeln angebraten und die fertige Gemüsemischung wird hinzugegeben. Mit der Sojasoße und dem Limettensaft wird das Gericht abgeschmeckt und kann nun serviert werden.

Süßkartoffel - Curry

Nährwerte: 1997 kcal, 182 g KH, 23 g EW, 124 g FE

Zutaten für 4 Portionen:

Koriandergrün / 1 Bund Frühlingszwiebeln / Cashewnüsse / 2 Knoblauchzehen

Paprikapulver / 1/2 TL gehackter Ingwer / Cayennepfeffer / 1/2 Tasse Orangensaft

Kurkuma / 1 Tasse Wasser oder Gemüsebrühe / Currypulver / 1 Stängel Zitronengras

Salz und Pfeffer / 1/2 Liter Kokosmilch / Koriander / 2 Möhren

1 TL thailändische Currypaste / 2 Süßkartoffeln / Sesamöl / 1 Paprikaschote

1 Ananas (alternativ Mango)

Zubereitung:

Die Frühlingszwiebeln werden in feine Ringe geschnitten. Das Grün wird als Dekoration aufgehoben. In einem Wok wird Sesamöl erhitzt und die Frühlingszwiebeln werden darin angebraten. Die Knoblauchzehen und der Ingwer werden fein gehackt. Diese zusammen mit 1 TL Currypaste zu den Frühlingszwiebeln geben und ebenfalls mit anrösten. Das Ganze wird mit dem Orangensaft abgelöscht. Danach werden das Wasser und das zerdrückte Zitronengras hinzugegeben. Alles mit Salz und Pfeffer würzen. Nun wird die Kokosmilch untergerührt und das Ganze wird bei kleiner Flamme für 5 Minuten gekocht. Die Paprikaschote und die Möhren werden in Stifte geschnitten. Die Süßkartoffeln werden geschält und ebenfalls in Stifte geschnitten. Alles mit in den Wok geben und für weitere 10 Minuten köcheln lassen. Mit den Gewürzen wird das Curry abgeschmeckt. Die Ananas wird gewürfelt und ebenfalls dazugegeben. Das Grün der Frühlingszwiebeln wird in der Zwischenzeit in Ringe geschnitten. Das fertige Curry wird mit dem Grün der Frühlingszwiebeln, den Cashewnüssen und dem Koriandergrün vor dem Servieren garniert.

Tofu - Gemüsepfanne mit Kokosmilch

Nährwerte: 2017 kcal, 71 g KH, 60 g EW, 159 g FE

Zutaten für 3 Portionen:

Basmatireis nach Bedarf / 400 g Tofu / 3 EL Olivenöl / 1 Stange Lauch

etwas Chiliflocken / 1 gelbe Paprikaschote / 8 EL Sojasauce

5 mittelgroße Karotten / 1 gehäufter TL Gemüsebrühe

1 Zwiebel / 1 gestrichener EL Currypulver / 1 Dose Kokosmilch (400 ml)

Zubereitung:

Der Tofu sollte ca. 30 Minuten vorher mariniert werden. Hierfür wird der Tofu in kleine Würfel geschnitten. Das Currypulver, die Sojasoße und ca. 100 ml Kokosmilch werden miteinander verrührt und die Tofuwürfel werden darin mariniert. Währenddessen wird der Basmatireis nach Packungsanweisung gekocht. Der Lauch wird geputzt, gewaschen und in feine Ringe geschnitten. Die Zwiebel wird sehr fein gehackt. Die Karotten werden geschält und in feine Streifen geschnitten oder grob geraspelt. Die Paprika werden gewaschen, entkernt und die Trennwände werden entfernt. Das Fruchtfleisch der Paprika wird in dünne Streifen geschnitten. In einer heißen Pfanne wird das Olivenöl erhitzt und die Zwiebeln werden darin kurz angeschwitzt. Danach werden die Tofuwürfel aus der Marinade genommen und zu den Zwiebeln in die Pfanne gegeben. Die Tofuwürfel ebenfalls kurz anbraten. Die Marinade wird zur Seite gestellt. Die Paprika und die Karotten werden mit in die Pfanne gegeben und unter Rühren für ca. 2-3 Minuten angebraten. Zum Schluss werden die Lauchringe hinzugegeben. Mit der restlichen Kokosmilch und der Marinade wird das Ganze abgelöscht. Mit den Chiliflocken und der Gemüsebrühe wird alles gewürzt und für ca. 5 Minuten geköchelt.

Vegetarisches Kartoffel - Blumenkohl - Curry

Nährwerte: 979 kcal, 121 g KH, 29 g EW, 35 g FE

Zutaten für 4 Portionen:

1 TL Koriander / 600 g Kartoffeln / 3 EL Öl / 600 g Blumenkohl

Für die Gewürzmischung:

1 EL Koriandergrün (zum Garnieren) / 1 TL gemahlener Koriander
1 TL Salz / 1 TL gemahlener Kreuzkümmel
1 TL gemahlenes Kurkuma / 1/4 TL Cayennepfeffer

Zubereitung:

In einem Topf wird Wasser zum Kochen gebracht. In der Zeit werden die Kartoffeln geschält und in ca. 2-3 cm große Würfel geschnitten. Die Kartoffelwürfel für 5-7 Minuten in das kochende Wasser geben und garen. Danach wird das Kartoffelwasser abgegossen. Aus dem gemahlenen Koriander, dem Cayennepfeffer, dem Kreuzkümmel, dem Salz und dem Kurkuma wird eine Gewürzmischung hergestellt. Der Blumenkohl wird in Rösschen zerteilt.

In einem Wok wird das Öl erhitzt. Die Koriandersamen werden hinzugegeben und für 1-2 Minuten gebraten. Danach werden die Blumenkohlrösschen hinzugegeben und bei mittlerer Hitze und gelegentlichem Rühren für 5 Minuten angebraten. Jetzt werden die Kartoffelwürfel hinzugegeben. Die hergestellte Gewürzmischung wird über das Gemüse verteilt und alles wird gut miteinander verrührt. Nach ca. 10 Minuten kann das Gericht mit dem Koriandergrün garniert und anschließend serviert werden.

Kichererbsencurry

Nährwerte: 1365 kcal, 176 g KH, 30 g EW, 55 g FE

Zutaten für 3 Portionen:

200 ml Kokosmilch / 400 g Kartoffeln / 2 EL Tomatenmark / 250 g Karotten
1 TL Salz / Salzwasser / 1/2 TL Harissapaste / 120 g gekochte Kichererbsen
2 EL Currypulver / 140 g gekochter Reis / 250 ml passierte Tomaten

Zubereitung:

Die Kartoffeln und die Karotten werden geschält und in kleine Würfel geschnitten. Die Kartoffel- und Karottenwürfel werden für ca. 10 Minuten in Salzwasser gegart. In einer Pfanne werden die Kartoffel- und Karottenwürfel mit dem Mais und den Kichererbsen angebraten. Danach werden das Tomatenmark, das Currypulver und die Harissapaste hinzugefügt. Das Ganze wird gut verrührt. Nun werden die passierten Tomaten und das Salz hinzugefügt. Alles für 10 Minuten köcheln lassen. Zum Schluss wird die Kokosmilch hinzugegeben und für weitere 5 Minuten bei niedriger Hitze weiter köcheln gelassen.

Gelbe Linsen mit Spinat

Nährwerte: 1284 kcal, 91 g KH, 31 g EW, 79 g FE

Zutaten für 4 Portionen:

Chilipulver nach Bedarf / 200 g gelbe Linsen / Salz / 700 ml Wasser
250 ml Kokosmilch / 1 EL Pflanzenöl / 1 TL Kreuzkümmel
1 TL Senfkörner / 1 Stange Zimt / 5 Lorbeerblätter / 2 Knoblauchzehen
5 rote getrocknete Chilischoten / 1 Pck. Blattspinat (tiefgefroren; ca. 450 g)
2 frische grüne Chilischoten / 1 Zwiebel / 100 g pürierte Tomaten / 2 EL Ingwer

Zubereitung:

Die Linsen werden für ca. 1 Stunde in Wasser eingeweicht. Danach werden die Linsen für ca. 25 Minuten weich gekocht. In einem Wok wird das Öl erhitzt. Die Senfkörner werden darin so lange angebraten, bis diese anfangen zu springen. Die Zwiebel und der Knoblauch sowie der Ingwer und die grünen Chilischoten werden gehackt. Die roten Chilischoten werden zerbröselt. Sobald die Senfkörner in dem Wok springen, werden die Zwiebeln, die Chilis, der Kreuzkümmel, der Knoblauch hinzugegeben. Darüber wird der Zimt zerbrochen und ebenfalls in den Wok gegeben. Alles etwas anbraten lassen. Nun werden die Tomaten, die Lorbeerblätter und der Ingwer hineingeben und gut durchziehen lassen. Jetzt wird der Spinat hinzugefügt und erhitzt. Die Linsen werden untergehoben. Zum Schluss wird alles mit der Kokosmilch vermischt und für einige Minuten geköchelt. Vor dem Servieren wird das Gericht mit Salz und Chilipulver abgeschmeckt.

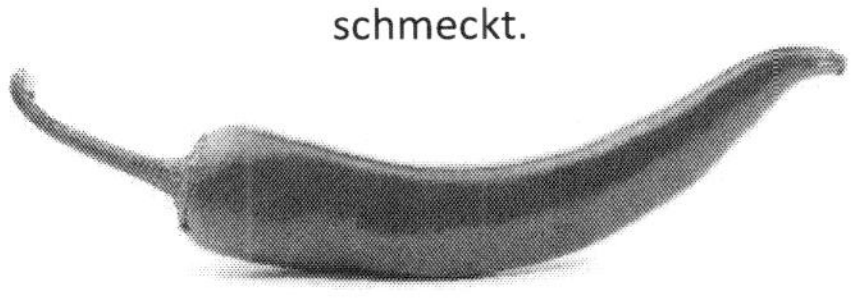

Kürbis - Spinat - Eintopf mit Linsen

Nährwerte: 1680 kcal, 123 g KH, 33 g EW, 110 g FE

Zutaten für 4 Portionen:

etwas Öl / 1 mittelgroßer Hokkaidokürbis / etwas Koriandergrün
250 g Blattspinat (tiefgefroren) / etwas Kurkuma / 1 Dose Kokosmilch (400 ml)
etwas Salz und Pfeffer / 750 ml Gemüsebrühe / 2 Knoblauchzehen
150 g Linsen (braun, rot oder schwarz) / 2 mittelgroße Zwiebeln

Zubereitung:

Der Kürbis wird entkernt. Das Fruchtfleisch wird in mundgerechte Stücke geschnitten. Die Zwiebeln und die Knoblauchzehen werden geschält und fein gehackt. In einem Topf wird etwas Öl erhitzt. Die Zwiebeln, die Kürbisstücke und der Knoblauch werden in den Topf gegeben. Bei mittlerer Hitze wird alles leicht angeschwitzt. Danach werden die Linsen hinzugegeben und kurz mit gebraten. Das Ganze wird mit der Brühe abgelöscht. Nun wird der Spinat hinzugegeben und bei geschlossenem Deckel für ca. 15-20 Minuten köcheln gelassen. Ab und zu wird alles verrührt. Sobald die Zeit abgelaufen ist, wird die Kokosmilch hinzugegeben und eingerührt. Zum Schluss wird alles mit Pfeffer, Kurkuma und Salz gewürzt und für weitere 10-15 Minuten ohne Deckel geköchelt. Zum Servieren wird der Eintopf mit dem Koriandergrün bestreut.

Peking - Suppe

Nährwerte: 850 kcal, 88 g KH, 43 g EW, 32 g FE

Zutaten für 4 Portionen:

2 Knoblauchzehen / 1 Zwiebel / 1 Stück Ingwer / 2 EL helle Sojasauce / 1 TL Sambal Oelek
2 EL dunkle Sojasauce / 1 Handvoll Chinakohl / 1 l Wasser / 1 EL Sesamöl / 1 EL Tomatenmark
1 EL chinesisches Brühepulver / 1 Handvoll Bambussprossen / 2 Eier
1 Handvoll kleine Maiskölbchen / Salz / 1 Handvoll Sojasprossen / 2 EL Zucker
1 Handvoll Sojabohnen / 1 EL Speisestärke / 3 EL dunkler Reisessig / Erdnussöl

Zubereitung:

Das Erdnussöl wird stark erhitzt. Die Zwiebeln, die Knoblauchzehen und der Ingwer werden klein geschnitten und stark angebraten. Darüber wird die helle sowie die dunkle Sojasauce gegeben. Mit dem Wasser wird alles abgelöscht und zum Kochen gebracht. Danach wird das Tomatenmark eingerührt. Die Bambussprossen werden klein geschnitten und zusammen mit den Maiskölbchen, den Sojabohnen und den Sojasprossen in den Wok gegeben. Das Ganze muss nun aufkochen. Die Stärke wird mit etwas Wasser vermischt und eingerührt. Dazu werden der Zucker, Salz und der dunkle Reisessig gegeben. Die Eier werden verquirlt und im Kreis in die Suppe eingerührt. Den Wok von dem Herd stellen und das Brühepulver, das Sesamöl, den geschnittenen Chinakohl und das Sambal Oelek hinzugeben und verrühren.

Tofu mit indischem Spinat

Nährwerte: 938 kcal, 46 g KH, 33 g EW, 65 g FE

Zutaten für 2 Portionen:

Salz und Pfeffer / 200 g Tofu / Chilipulver / 2 EL Öl / 1 TL Koriander
1 Zwiebel / 1 TL Kurkuma / 1 Knoblauchzehe / 100 ml Kokosmilch
300 g Spinat / 2 Tomaten

Zubereitung:

Der Tofu wird gewürfelt. Die Zwiebel wird in feine Würfel geschnitten. Die Knoblauchzehe wird gehackt. Der Spinat wird gewaschen und grob zerteilt. Die Tomaten werden mit heißem Wasser übergossen und für ein paar Minuten eingeweicht. Danach können die Tomaten gehäutet und das Fruchtfleisch in Würfel geschnitten werden. In einem Wok wird Öl erhitzt. Der Tofu wird darin angebraten und anschließend wieder herausgenommen. Auf einem Küchenkrepp werden die Tofuwürfel abgetropft. Nun werden die Zwiebeln und der Knoblauch angebraten. Kurz danach wird der Spinat in den Wok gegeben. Der Spinat muss kurz zusammenfallen und wird an den Wokrand geschoben. In die Mitte des Woks wird die Kokosmilch zusammen mit den Tomaten gegeben. Beides kurz köcheln lassen. Währenddessen werden die restlichen Gewürze hinzugefügt. Der Tofu wird zurück in den Wok gebend und mit der Soße verrührt. Der Herd wird abgeschaltet. Der Spinat wird zu dem Tofu gegeben und alles wird mit einem Deckel zugedeckt. Das Ganze kurz ziehen lassen und anschließend servieren.

Gemüse - Kokosmilch - Curry mit Parmesan

Nährwerte: 1659 kcal, 71 g KH, 37 g EW, 129 g FE

Zutaten für 3 Portionen:

Salz und Pfeffer / 1 mittelgroße Zwiebel / Öl / 2 Knoblauchzehen
frischer oder getrockneter Basilikum / 1 Selleriestangen / Currypulver
2 mittelgroße Möhren / getrocknete Chilischoten / 1 große Zucchini
400 ml Kokosmilch / 1 mittelgroße Tomate / 40 g geriebener Parmesan
2 EL Sojasauce / 1 gelbe oder rote Paprikaschote / 2 TL rote Currypaste
1 mittelgroße Chilischote

Zubereitung:

Der Sellerie und die Zwiebel werden in kleine Stücke geschnitten. In einem Wok mit etwas Öl werden diese angedünstet. Die Möhren, die Zucchini und die Paprika werden gewaschen und klein geschnitten. Diese ebenfalls mit in den Wok geben. Bei mittlerer Hitze wird alles angebraten und mit 1-2 EL Sojasoße abgelöscht. Die Chilischote wird gewaschen, entkernt und klein geschnitten. Die Chilischote zusammen mit dem Knoblauch in den Wok geben. Nun wird etwas Currypaste hinzugegeben. Bei mittlerer Hitze wird alles gegart. Danach wird das Currypulver über das Gemüse gestreut. Alles wird mit Salz und Pfeffer abgeschmeckt. Die Tomate wird gewürfelt und mit dem Basilikum bestreut. Sobald das Gemüse die gewünschte Konsistenz erreicht hat, werden die Kokosmilch und die Tomaten hinzugefügt. Das Ganze muss kurz aufkochen und bei geringer Hitze für mindestens 5 Minuten köcheln. Danach wird der Parmesan hinzugegeben. Mit den getrockneten Chilis, dem Curry, Salz und Pfeffer wird alles vor dem Servieren abgeschmeckt.

Pasta mit Erdnusssoße und Gemüsejulienne

Nährwerte: 1086 kcal, 161 g KH, 38 g EW, 28 g FE

Zutaten für 2 Portionen:

1 Handvoll grob gehackter Erdnüsse / 1 kleine Zucchini / Salz und schwarzer Pfeffer
1 große Möhre / 1 Spritzer Limettensaft / 1 EL Olivenöl
1 EL gesalzene Erdnusscreme / 1 kleine Zwiebel
200 ml Gemüsebrühe / 1 kleine rote Chilischote / Salzwasser / 200 g Spaghetti

Zubereitung:

Die Zucchini wird gewaschen und die Enden werden abgeschnitten. Die Möhre wird geschält. Mit einem Julienneschneider werden die Zucchini und die Möhre in lange Streifen geschnitten. In einem Wok wird das Olivenöl erhitzt. Die Zwiebel wird geschält und fein gewürfelt. Die Chilischote wird entkernt und fein gehackt. Die Zwiebel sowie die Chilischote werden in dem Öl angeschwitzt. Danach werden die Gemüsestreifen hinzugegeben und kurz mit angebraten. In der Zeit werden die Nudeln in Salzwasser nach Packungsanweisung gegart. Mit der Gemüsebrühe wird der Pfanneninhalt abgelöscht und noch mal aufgekocht. Danach wird die Erdnusscreme eingerührt. Mit dem schwarzen Pfeffer und dem Limettensaft wird das Ganze abgeschmeckt. Die gegarten Nudeln werden zu der Soße geben und alles wird gut miteinander verrührt. Zum Servieren wird alles mit einigen Erdnüssen bestreut.

Schnelles Pak Choi - Karotten - Gemüse

Nährwerte: 373 kcal, 31 g KH, 17 g EW, 17 g FE

Zutaten für 2 Portionen:

etwas neutrales Öl / 1 große Zwiebel / 1 EL Sesam / 2 große Karotten
½ TL Fünf-Gewürz-Pulver / 500 g Pak Choi / brauner Zucker nach Bedarf
5 EL Teriyakisauce

Zubereitung:

Die Zwiebel wird geschält und in halbe Ringe geschnitten. Die Karotten werden ebenfalls geschält und in ca. 5 cm lange Stücke geschnitten. Die Karottenstücke werden längs in Scheiben geschnitten. In einem Wok wird Öl erhitzt. Die Zwiebeln und die Karotten werden zusammen mit etwas Zucker hineingegeben und karamellisiert. Das Ganze muss immer wieder verrührt werden. Der Pak Choi wird gewaschen. Die welken Blätter werden entfernt. Die Stiele werden in 2 cm dicke Scheiben geschnitten. Die Stiele zu den Zwiebeln und den Karotten in den Wok geben. Alles wird scharf angebraten. Nach 1 Minute wird das Ganze mit dem Fünf-Gewürz-Pulver und der Teriyakisauce gewürzt. Alles für 10 Minuten köcheln und danach die Pak Choi Blätter hinzugeben und mitköcheln lassen. Zum Schluss werden die Sesamsamen untergerührt.

Gebratener Brokkoli

Nährwerte: 398 kcal, 14 g KH, 12 g EW, 31 g FE

Zutaten für 2 Portionen:

2 EL Wasser / 250 g Brokkoli / 1 TL Zucker / 3 EL Öl / 1 TL Salz

Zubereitung:

Der Brokkoli wird in kleine Röschen geteilt. Dabei werden die harte Haut und die Stiele entfernt. In einem Wok wird Öl erhitzt. Die Brokkoliröschen werden darin unter Rühren für 1-2 Minuten angebraten. Zu dem Brokkoli werden der Zucker, das Salz und das Wasser hinzugegeben. Alles für weitere 2 Minuten andünsten und sofort servieren.

Indische Currykartoffeln

Nährwerte: 2185 kcal, 171 g KH, 31 g EW, 147 g FE

Zutaten für 4 Portionen:

2 EL Ghee / 750 g Kartoffeln / 1 Knoblauchzehe / 1 Becher Créme fraîche
1 große Zwiebel / ½ Becher Kokosmilch / 3 EL Tomatenmark
1 TL Currypulver / ½ TL Koriander / 1 TL Gewürzpaste / ½ TL Kurkuma
Rosmarin nach Bedarf, Oregano nach Bedarf

Zubereitung:

Die Kartoffeln werden mit der Schale in Würfel geschnitten und gekocht. Die Zwiebel wird geschält und fein gehackt. Der Knoblauch wird geschält und durch die Knoblauchpresse gegeben. In einem Wok wird das Ghee erhitzt. Die Zwiebeln und der Knoblauch werden hineingegeben und glasig angebraten. Mit der Kokosmilch und dem Créme fraîche wird das Ganze abgelöscht. Nun werden der Rosmarin, die Gewürzpaste, das Kurkuma, der Koriander, der Oregano und das Tomatenmark hinzugegeben. Alles etwas andicken lassen. In der Zeit werden die Kartoffeln abgegossen und ebenfalls in den Wok gegeben. Alles wird gut miteinander vermischt. Die Kartoffeln sollten komplett mit der Sauce bedeckt sein.

Chilinudeln mit Cashewnüssen

Nährwerte: 1841 kcal, 174 g KH, 46 g EW, 94 g FE

Zutaten für 4 Portionen:

2 EL Frühlingszwiebeln / 200 g chinesische Eiernudeln / 2 EL Sweet Chili Sauce
60 ml Erdnussöl / 1 EL Sojasauce / 2 TL Chiliöl / 100 g Sojasprossen
3 kleine rote Chilischoten / 225 g Maiskölbchen aus der Dose
½ Becher ungesalzene Cashewnüsse / 2 Stangen Bleichsellerie
1 rote Paprikaschote

Zubereitung:

Die Frühlingszwiebeln werden gehackt. Die Eiernudeln werden in kleine Stücke gebrochen. Die Chilischoten werden fein gehackt. Der Sellerie wird diagonal in Scheiben geschnitten. Die Maiskölbchen werden abgetropft und anschließend halbiert. In Salzwasser werden die Nudeln al dente gekocht und abgetropft. In einem Wok werden beide Öle gegeben und erhitzt. Die Chilischoten werden hinzugegeben und für 1 Minute unter Rühren bei mittlerer Hitze gegart. Danach werden die Cashewnüsse hinzugegeben und unter Rühren für 1 Minute goldbraun geröstet. Danach wird das Gemüse in den Wok gegeben. Bei mittlerer Hitze wird alles für 3 Minuten gegart. Jetzt werden die Nudeln und die Saucen hinzugegeben und alles wird gut miteinander verrührt. Zum Servieren wird das Gericht mit den gehackten Frühlingszwiebeln bestreut.

Kartoffelcurry mit Tomaten und Erbsen

Nährwerte: 1420 kcal, 154 g KH, 42 g EW, 61 g FE

Zutaten für 3 Portionen:

100 ml Sahne / 1 große Zwiebel / ¼ Bund Petersilie / 2 Knoblauchzehen
Salz / 1 Chilischote / 300 g tiefgefrorene Erbsen / 500 g festkochende Kartoffeln
300 ml Wasser / 400 g reife Tomaten / ½ TL gemahlener Zimt
3 EL Öl / 2 TL gemahlener Koriander / 1 TL Kurkuma
1 TL gemahlener Kreuzkümmel

Zubereitung:

Die Zwiebel wird geschält, halbiert und in dünne Streifen geschnitten. Der Knoblauch wird geschält und in Scheiben, anschließend in feine Stifte geschnitten, die Chilischote wird gewaschen und der Stielansatz wird entfernt. Die Kartoffeln werden geschält und in ca. 1,5 cm große Würfel geschnitten. Die Tomaten werden gewaschen und geachtelt. Jetzt wird ein Wok erhitzt und das Öl wird hineingegeben. Alle Gewürze werden miteinander vermischt. Unter Rühren werden die Gewürze für ca. 1 Minute angebraten. Danach werden die Kartoffeln, der Knoblauch, die Zwiebeln und der Chili hinzugegeben. Alles unter Rühren für eine weitere Minute anbraten. Mit ca. 300 ml Wasser wird das Ganze abgelöscht. Danach werden die Erbsen und die Tomaten hinzugegeben und untergehoben. Jetzt wird die Hitze reduziert und das Gericht wird mit Salz abgeschmeckt. Für 15 Minuten muss alles bei geschlossenem Deckel schmoren. Die Petersilie wird gewaschen und trocken geschüttelt. Die Blättchen werden abgezupft und fein gehackt. Die Sahne wird zu dem Curry gegeben. Zum Servieren wird das fertige Curry mit der Petersilie bestreut.

Brokkoli - Tofu - Pfanne mit Erdnusssoße

Nährwerte: 2628 kcal, 72 g KH, 77 g EW, 217 g FE

Zutaten für 4 Portionen:

100 ml Gemüsebrühe / 100 g geröstete Erdnüsse / 7 EL Öl
1 EL Erdnussbutter / 400 g fester Tofu / 1 TL brauner Zucker
4 Frühlingszwiebeln / ½ TL rote Currypaste / 800 g Brokkoli in Röschen
400 ml Kokosmilch / Sojasoße / 100 ml Sahne

Zubereitung:

Bei mittlerer Hitze wird der Zucker karamellisiert. Die Currypaste wird in den Zucker eingerührt. Danach werden die Erdnüsse, die Erdnussbutter, die Kokosmilch sowie ca. 100 ml Wasser hinzugegeben. Alles aufkochen lassen. Nun wird die Sahne hinzugegeben und für 10 Minuten eingekocht. Mit der Sojasoße wird alles gewürzt. Die Frühlingszwiebeln werden schräg in Scheiben geschnitten. Der Tofu wird gewürfelt. In einem Wok werden 4 EL Öl erhitzt. Der Tofu wird darin goldbraun angebraten. Auf einem Küchenpapier wird der Tofu abgetropft. Das Fett in dem Wok wird ausgeschüttet. In dem ausgewaschenen Wok werden 3 EL Öl erhitzt. Der Brokkoli wird bei starker Hitze für ca. 4 Minuten angebraten. Mit der Gemüsebrühe wird der Brokkoli abgelöscht. Bei mittlerer Hitze muss alles für 3 Minuten garen. Die Zwiebeln und der Tofu wird untergerührt und mit der Sojasoße abgeschmeckt. Für 2 Minuten wird das Ganze weitergebraten. Das Gemüse wird mit der Erdnusssoße angerichtet.

Quellenangabe:

- eigene Versuche und Experimente von Familie und Freunden

Quellen:

https://epdf.tips/kstlichkeiten-aus-dem-wok-gesammelt-und-aufbereitet.html

https://propertibazar.com/article/kochbuch-wikimedia-commons_5aa0741fd64ab2be8499b651.html

https://docplayer.org/81679210-Gefluegel-glutenfrei-es-sind-gesammelte-rezepte-teils-noch-nicht-probiert.html

https://docplayer.org/45515702-Gefluegel-glutenfrei-ohne-ei-ohne-kuhmilch.html

https://docplayer.org/73903995-Leckere-fischrezepte-von-heimischen-suesswasserfischen-gesammelt-und-ausprobiert-von-michael-momber.html

https://ndasemumeta.blogspot.com/2015/01/der-knauserer-weniger-ist-mehr.html

http://hollandtsbackundwurstwaren.blogspot.com/2015/04/

http://www.heiner-koenig.de/kochbuch/BRATEN.DOC

Fotoquellen:

- Depositphotos.com

Rechtliches und Impressum

Kontakt: Anna Piok, Im Pfaffenacker 7, 56218 Mülheim- Kärlich

Selfpublisher-Service@web.de

Covergestaltung: Fiverr.com

Coverfoto: Depositphotos.com

Fotos im Buch: Lizenzen gekauft bei Depositphotos.com

Druck bei: Amazon Media EU S.á r.l., 5 Rue Plaetis, L- 2338, Luxembourg

Printed in Poland
by Amazon Fulfillment
Poland Sp. z o.o., Wrocław

75431614R00054